Ⓢ新潮新書

小川 格
OGAWA Itaru

日本の近代建築ベスト50

937

新潮社

写真撮影
一〇二頁　桐原武志
一七八頁　石井翔大
その他特記以外　小川格

まえがき

日本では「近代建築」という言葉には二つの意味がある。

一つは、明治時代にヨーロッパから輸入されてでき始めた煉瓦造の建築のことである。その代表が東京駅。もう一つは一九二〇年ころから始まった鉄とコンクリート、ガラスを主な材料にした幾何学的な建築のことである。その代表が国立代々木競技場。

近代建築と題して、前者の建築を扱う本は多い。しかし、本書で扱うのは二つ目の近代建築、大まかに言えば、二〇世紀の建築である。混乱しないように、二つ目の近代建築を指すために「モダニズム建築」という言葉が使われることが多い。

二つ目の近代建築は、自然に発生したものではなく、意識的な思想に裏付けられた運動だったので、特にそんな言い方がふさわしいのかもしれない。

それだけに、どうしても一部の建築家の独走と思われている傾向があり、一般市民から掛け離れたものになってしまったのかもしれない。

しかし、モダニズムの建築は出発してから、すでに百年を経過しており、世界中に普及し、新しくできる建築はすべてモダニズムの影響下にあるといっても過言ではない。また、日本の近代建築は特にル・コルビュジエの影響を強く受けた。ル・コルビュジエが好きな建築家が多いのも日本の近代建築の特徴である。

特にル・コルビュジエの掲げた「五つの原則」は大きな影響力を発揮した。「ピロティ」「自由な平面」「自由な立面」「水平連続窓」「屋上庭園」である。これらの言葉は日本の建築家の頭に鎮座し、日本の近代建築に大きな影響を与えた。このため、日本の近代建築は世界でもまれな特異な進化を遂げた。いまではさらに年々変容を重ね、我々の身の回りを埋め尽くしている。この近代建築が市民の理解を得られなければ、建築家にとっても市民にとっても不幸なことである。

いずれにせよ日本の近代建築は、この百年で驚くべき変貌を遂げ、模倣の域を脱し、多くの国際的な賞を受賞し、いまや世界中から注目される存在になっている。事実、日本の建築家は世界中で活躍している。

近代建築は経済性と合理性を追求した。しかし、それだけでできているわけではない。建築には人を感動させたり、癒したりする力がある。そこには、ロマンもあり、夢もある。よく見るとなかなか興味深い物語も見えてくる。多くの人々に理解していただくため、本書にはその建築のできたいきさつや、建築家の考え方、建築の見所、その他周辺のエピソードなどを書いてみた。

この時代の建築はすでに取り壊されてしまったものも少なくないが、残されている近代建築はまだ非常に多く、優れた建築を保存する動きも少なくない。

本書にはその中から優れた五〇の作品を選び出し、竣工年の順に掲載した。優れた建築といっても、選び出すにあたって公正な基準などは存在しない。あくまでも筆者の実見を手がかりに、経験や知識に基づいた主観によって選び出したものである。

原則として公開されており、内外ともに一般市民が見学可能なものから選んだ。有料のものや、美術館や劇場、コンサートホール等として使われているものもあるので、それらを鑑賞する機会に建築も楽しんでいただきたい。

選び出された建築を見直してみると、日本の近代建築を担ってきた主な建築家がほぼ網羅されている。そのため、日本の近代建築を概観する手頃なガイドブックになっているかもしれない。

本書には、現在の建築名と建設当初の名称、設計者名、竣工年等を記載してある。

しかし、建築をつくるためには、建築家以外に、企画、発注、施工などに携わる多くの人々がいる。設計に際しても、構造、設備、電気等多くの専門家の協力が不可欠だし、工事に際しては、ゼネコンや工務店のもとに、数多くの職人たちの献身的な働きがなければ、優れた建築はできない。

にもかかわらず、本書には建築家の個人名のみを記した。実際には設計だけでも事務所の多くのスタッフの協力なくしては不可能である。多くの関係者の代表として建築家の個人名で表記したことをご理解いただきたい。

大切なことは、優れた建築は、必ず高い見識と決断力のある人によって企画・構想され、さらに理解ある人々によって管理・運営されていることである。本書では紙面の許す範囲で、できるだけそうした方々も紹介してみた。

本書には個性的で優れた建築が揃っている。公開日が決まっているものや、予約の必要なものもあるが、原則としてすべて見学が可能なので、機会があったら、ぜひ訪れて体験していただきたい。

二〇二一年十一月

日本の近代建築ベスト50　目次

第二章　近代建築の開花と成熟――一九六〇年代の建築 78

第三章　近代建築を超えて——一九七〇年代以降の建築　140

日本の近代建築は、一九二〇年ころには欧米に足並みを揃えて始まったのだが、不幸なことに、世の中は一路戦争に向かい、近代建築にとってはほとんど建築をつくれない悪夢の一五年を迎えることになってしまった。それでも、そのなかで、わずかながら輝くような近代建築がつくられた。多くは戦災で失われたが、幸運にもいまだに残されているものもある。

日本中の都市が空爆で焦土と化したあと、一九五〇年代に入って、貧困と戦いながら、なんとか始まったのが、戦後の近代建築の出発点だった。この時代の建築は、経験も資材も乏しい、最低の条件のなか、建築家の強い信念と希望に支えられた、爽やかな、研ぎすまされた建築が特徴である。

建築家にとっては、待ち望んでいたモダニズム建築の実現という夢のようなチャンスの到来である。この

第一章

近代建築の初心

――戦前と一九五〇年代の建築

ため、この時代の建築は、モダニズムの理念がストレートに表現されたものが多い。

この時代に、フランク・ロイド・ライト、アントニン・レーモンド、ル・コルビュジエという、世界の近代建築の歴史の中でも重要な役割を果たした巨匠と言われている外国人の作品が入っているのは驚きである。

また、戦前・戦後を通して日本の近代建築を牽引した前川國男がここにしっかりと入っているのは当然であるが、優れた作品が残っているのは幸いである。

さらに、戦前・戦後を通して活躍する村野藤吾が登場すること、そして次の時代を牽引することになる丹下健三も登場している。

この時代の建築には、近代建築の初心が迷うことなく研ぎすまされた姿で結実しているのを見られるのがなによりも嬉しい。

子どもの学校は小さくかわいいが、芝生の広場を囲んで誇り高く毅然と建っている。ライトが日本に残してくれた美しい近代建築だ。

1 自由学園明日館《みょうにちかん》

設計＝F・L・ライト＋遠藤新　一九二一（大正十）年

青森県から上京し、女性の地位向上のため雑誌『婦人之友』を発行するかたわら、幼児教育の必要性を痛感した羽仁もと子は自由学園を設立する。学校建設のため教会で知り合った建築家遠藤《えんどう》新《あらた》に相談すると、当時働いていた建築現場、日比谷帝国ホテルの建築家フランク・ロイド・ライト（一八六七〜一九五九年）に相談した。

もと子の熱意に共感したライトは直ちに設計にとりかかり、短時日で設計を仕上げた。遠藤がライトのスケッチから図面を起こすと、ライトは自分のサインのあと、遠藤にもサインを強く勧めるので、震える手でサインをした。ライトからの友情のプレゼントだった。

ホールの窓いっぱいに幾何学的なステンドグラスを思わせる窓枠が入って、気分を高揚させてくれる。なんとも贅沢な空間。

ライト五五歳、中期の力みなぎる傑作の一つである。この校舎は一〇年ほどで、手狭になり、一九三四年には東京郊外東久留米市南沢に広大な校地を購入して移転した。ここでは遠藤の設計で目白校舎のデザインを広大な敷地にのびのびと展開し、今も美しいキャンパスが使われている。

こうして学校が去った目白校舎は荒れるにまかされていたが、一九九七年には重要文化財に指定され、傷んだ建築は大規模な修復で生まれ変わって、各種の文化活動に利用されている。

明日館は机も椅子も小さい。しかし、幾何学的な木製サッシュで区切られたステンドグラスのような大きなガラス窓からはふんだんに陽光が差し込んで、爽やかな空気が部屋に充ちている。

学校で使われる机も椅子も全てライトと遠藤に

2 階の食堂。学校の真ん中に食堂がある。自分たちでつくり、みんなで食べる食事は、この学校の大切な教育の中心とされている。

よってデザインされたものが今もそのまま使われている。

そうした考え方は自由学園の「生活すなわち教育」という日々の教育方針そのものであり、羽仁もと子とライトの考え方が完全に一致したところに生みだされた理想の建築である。

もと子の教育方針は、もともと我が子に納得できる教育を施したいという気持ちに発しているから、学校でも最も重視されたのが衣食住である。「生活即教育」がその基本理念である。中でも食べることが重視された。広大な校地のある南沢では、園内に畑や養豚所さらに本格的なパン工場まであり、そこで用意された食材で上級生が食事を用意し、教師と全校生徒が一緒に食事をする。順番に廻ってくる担当者は食材の用意から、カロ

斜線の多い入口のドア(上右)、廊下の窓もライトのデザイン(下右)、
暖炉が食堂の中心にある(上左)、校庭入口の門扉も個性的だ(下左)。

リー計算、コストまで計画して発表する。

これはアリゾナの砂漠の中で生活をともにして私塾のような設計事務所を営んだライトの考え方と一致していた。

ライトは帝国ホテルの竣工前に契約を打ち切られ、帰国してしまったが、ホテルは関東大震災にも耐え、ライトの最高傑作として、来日する有名人が必ず宿泊して常に話題になったが、高層建築に建て替えるため取り壊され、エントランスの一部が明治村に再建されているにすぎない。

一方、明日館は木造ながら、理解ある施主のおかげで百年を超えて大切に使われ、さらに一般に公開されている。近代建築の創始者の一人、ライトの建築がこのように残されていることは、極めて貴重なことである。

（東京都豊島区）

左右対称の建築は、権力を誇示する目的に使われることが多い。しかし、この建築は威圧的というより、清々しい爽やかな印象が強い。

2 小菅刑務所

設計＝蒲原重雄　一九二九(昭和四)年

美しい白鳥が飛び立とうとしているような建築。これが刑務所のために建てられた、しかも今から百年前の建築とはとても思えないものだ。

これを設計したのは蒲原《かんばら》重雄《しげお》（一八九八〜一九三二年）。

一九二二（大正十一）年、東京帝国大学建築科卒業、司法省に就職。翌一九二三（大正十二）年、関東大震災により刑務所倒壊。

一九二四（大正十三）年、蒲原の設計により着工、五年後の一九二九（昭和四）年、竣工。

一九三二（昭和七）年、結核により逝去。享年三四。

この小菅刑務所が処女作にして遺作。これをつ

直線を使った幾何学的な造形は近代の機械が生み落とした感覚だが、不思議なことにここでは、生き物を思わせているのは興味深い。

くるためにこの世に送られ、出来たら去ってしまった。この白鳥のような建築は、みずから空高く舞い上がり飛び去るためにつくられたのか。

東京駅を設計した辰野金吾は、明治時代を代表する建築家だが、一九一九（大正八）年に亡くなっている。翌一九二〇（大正九）年、東京帝国大学を卒業した学生たちが第一回分離派建築展を開き、自由な造形を謳歌して明治建築と訣別し、大正建築を宣言した。蒲原重雄はこの分離派世代より二年遅れて東京帝国大学を卒業している。

興味深いことに蒲原の同級生に、のちに丹下健三を押し上げて日本のモダニズムを強力に推進した岸田日出刀がいた。

つまり、蒲原は分離派に二年遅れ、まさにモダニズムに入ろうとする境界線に生きた。分離派の

塔に時計がつけられるのは、珍しくないが、時計が目玉として使われた例は珍しい。こんな自由な造形が許された大正時代がすごい。

建築は曲線を特色としていたが、蒲原の建築は直線だけである。しかも、直線と直線が鋭く交わる鋭角的な造形である。

こんな造形を残した建築家は古今東西、他にまったく見当たらない。じつに不思議な感覚である。時代を切り開くような、明治の分厚い壁を切り裂いて次の時代へと進んでゆく砕氷船のような感覚を持っていたに違いない。

東京駅はこの刑務所より一五年前に竣工しているが、その時、構造を新しい素材鉄筋コンクリートにするか煉瓦造にするか、迷いがあったと言われている。しかし、辰野金吾は、まだ鉄筋コンクリートを信用できず、手慣れた煉瓦造を選んだ。

それから一五年。関東大震災により煉瓦造の房舎をすべて失った小菅刑務所は迷わず鉄筋コンク

『小菅刑務所圖集』より

広間の天井を見れば蒲原のデザインの力量がよくわかる。

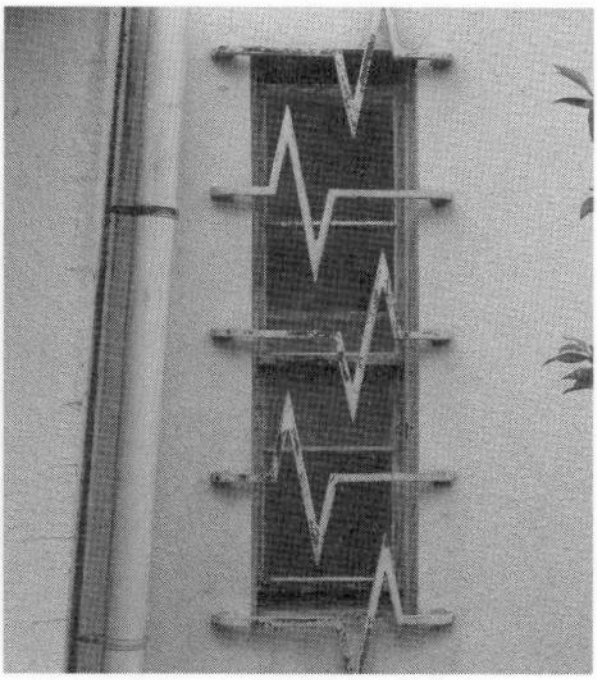

ガラス窓の外の面格子、ここにも鋭角的なデザインがあった。

リートを選んだ。関東大震災が鉄筋コンクリートという近代建築の第二幕を開く号砲だった。

東京駅は明治の集大成、小菅刑務所は大正の落し子。二つの建築は、大正という一五年の歳月の始まりと終わりを象徴する建築だともいえる。

蒲原が大学を卒業して司法省に入ったのは二三歳、翌年に関東大震災があり、その次の年には着工している。つまり、この建築の設計に着手したのは、関東大震災の直後、卒業したばかりのまったく未経験の二四歳の若者だったのである。

しかも、工事を担ったのは、ここに収容されていたまったく建築経験のない受刑者たちだった。

二四歳の若い建築家の設計した刑務所を受刑者たちが力を合わせてつくる、その不思議な情景を想像してみたい。

（東京都葛飾区）

軽井沢のシンボルとしてだれからも愛されている可愛らしい教会。戦前の木造の建築なのに、少しも古さを感じさせない。

3 軽井沢聖パウロカトリック教会

設計＝A・レーモンド　一九三四(昭和九)年

この教会を設計したのは、アントニン・レーモンド、一八八八（明治二一）年チェコ生まれ、チェコで建築を勉強したあと、アメリカへ移住し、フランク・ロイド・ライトの事務所に入り、一九一九年三一歳のとき帝国ホテルの建設のためライトの助手として来日し、三年ほどでライトのもとを離れ、レーモンド建築設計事務所を開設。

太平洋戦争のため日本を離れるまで一八年間、多くの非常に優れた建築を実現した。

その多くは、鉄筋コンクリートによるモダニズムの建築で、世界でも最先端の近代建築だった。

作品は、住宅、大学、教会、工場と幅広く、自邸のほか、東京聖心学院、聖路加国際病院、東京

なんとも不思議な塔だが、藤森照信によれば、レーモンドの故郷チェコのボヘミア地方の素朴な民家のスタイルなのだそうだ。

女子大学と目覚ましいものであった。

太平洋戦争をはさんで一〇年ほど日本を離れてアメリカで暮らしたが、戦後再び来日して、高齢のため引退するまで、こんどは二六年間日本で活躍した。つまり、戦争のためアメリカで過ごした一〇年以外は合計四四年間日本で建築家として活躍したのである。この間、前川國男をはじめ、多くの優れた建築家を育てた。

終戦直後、日本がまだ焼け野原のときに再来日し、リーダーズ・ダイジェスト東京支社の颯爽とした建築で、打ちひしがれていた日本の建築家たちに衝撃を与え、その後、教会、大学、音楽堂など目覚ましい建築で戦後の日本建築に大きな足跡を残した。

レーモンドはチェコの西部ボヘミア地方の出身

中に入ってみると、ハサミを開いたような梁が三角の屋根の梁を支えて、思ったより広々した大きな空間をつくり出している。

である。昔から故郷のない、楽天的な芸術家を「ボヘミアン」というが、まさにレーモンドが典型的なボヘミアンかもしれない。

戦前、戦後を通して彼は鉄筋コンクリートによる近代建築の傑作を残したが、同時に、当時建築現場の足場として使われていた杉丸太を使った建築を数多くつくっている。「軽井沢の夏の家」とこの教会はその代表作である。

この教会について、のちにレーモンドは「建てはじめる前に、私は簡単なスケッチしか作らなかった」と日本の大工を褒め称えている。

レーモンド自身の自宅は、戦前に鉄筋コンクリートでつくられたが、戦後再来日後、あらたに杉丸太でつくられ、最後までそこに住んだ。

しかし、ここでも興味深いのは、レーモンドは

入口の上には小さいながらパイプオルガンもあり、ユニークな塔のデザインといい、内部の照明器具といい、独特な愛嬌がある。

日本の大工の技術を生かしてつくったが、日本の伝統建築の模倣ではなかった。レーモンドの木造建築は、まったく彼の独創的な建築だった。

教会の内部を見ると、大きな空間を支えるため、ハサミを開いたような斜めの梁が交差した、シザーストラスという大胆な構造である。

この教会は、他の大作の中では、ほとんど取るに足らないほど小さな作品である。にもかかわらず、そこにはレーモンドの優れた才能がいかんなく発揮され、じつにレーモンドらしい魅力的な建築となっており、軽井沢にとってはなくてはならない教会としてだれからも愛されている。

建築のインテリアは必ずノエミ夫人が手を加えている。二人は来日前に結婚し、終生暮らしも仕事も共にした。

（長野県北佐久郡軽井沢町）

片流れの屋根をもった木造の小さな小屋。しかし、隅から隅まで繰り返し検討され、よく考えよく練られた、心のこもった小屋だ。

4 ヒアシンスハウス

設計＝立原道造　二〇〇四(平成一六)年

立原道造（一九一四～一九三九）は叙情的な詩人としてよく知られているが、二四歳の若さで世を去っている。たくさんの詩を残し、多くの人に愛されたが、職業として目指したのは、建築家であった。しかも、東京帝国大学の建築科に入り、設計の優れた学生に与えられる辰野賞の銅賞を連続受賞していた。

立原の一年下には、丹下健三、大江宏、浜口隆一という戦後大活躍する建築家・建築評論家がいたが、彼らにとって、立原は常にあこがれの的であった。

その立原が夢に見た自分のための別荘。それがこの「ヒアシンスハウス（風信子荘）」である。

仕事机と椅子。その奥にベッド。この窓からは別所沼が目の前に見える。立原はここに座って詩を書くことを夢みていた。

立原は身体が弱く、卒業後、石本建築事務所へ入ったが、翌々年には結核のため亡くなってしまった。つまり、建築家としての作品は残さなかったと言っていいだろう。

しかし、自分のための小さな別荘を持ちたいという気持ちは強く、何度もスケッチを繰り返し、友人にも図面を送り、そのスケッチは五〇枚にも達したという。

彼の夢は没後六五年にして、ついにかなった。強い想いは実を結ぶものである。

そのきっかけは、立原がその敷地として、埼玉県浦和の別所沼を想定していたこと。そして、没後六四年後にさいたま市が政令指定都市になり、別所沼公園が埼玉県からさいたま市に移管されたことであった。

画像提供：立原道造記念会

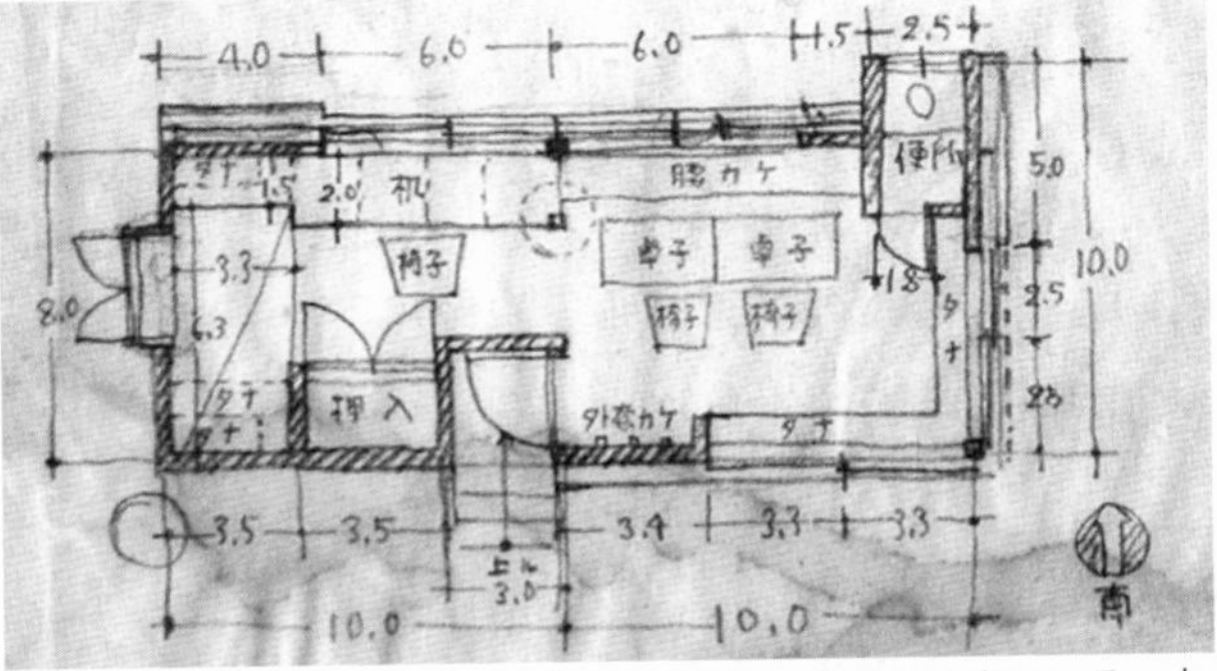

立原が描き残したスケッチの一つ。ほぼこの通りにできている。右上の便所はつくられなかった。台所はないので住宅とは言えない。

これを記念して、ヒアシンスハウスをつくろうという機運が高まり、全国から寄付を募って、約千人の募金を集めついに実現したものである。

立原が残した簡単なスケッチを実現するためには、多くの建築家の協力があったことは言うまでもないが、現地を見て、じつによくできているのに感心した。立原のスケッチを見るとトイレはあるが、キッチンも浴室もない。従って、住宅とは言えない。小屋である。

そういえば、ル・コルビュジエが最晩年に愛用したカップ・マルタンの休暇小屋（四二頁）もトイレはあるが、キッチンも浴室もない小屋だった。カップ・マルタンは大成功した世界的な建築家の休暇小屋だったが、ヒアシンスハウスは何の実績もない駆け出しの若い建築家の夢にすぎない。

雨戸の十字架（上右）、入口の踏み段（下右）、南東コーナーの窓は、柱だけ残して、その外側にガラス戸と雨戸が走る（左上・下）。

にもかかわらず、そこにはじつに多くの共通点がある。ともに大都市の喧噪から逃げ出すための小さな小屋だった。

立原道造が長生きしていたら、どんな建築家になったか。多くの人が考える謎である。ある人は丹下を上回る大建築家となって活躍したといい、また彼の詩的イメージに共感している人は、フィンランドのアールトのような建築家になったに違いないという。

丹下たちが、ル・コルビュジエに心酔して日本の近代建築の流れをつくっていったのに対して、北欧の建築雑誌を購読していた立原は、反ル・コルビュジエ、親アールトの、自然を愛するヒューマンな建築をめざしていたのではないかと想像してみたくなる。

（埼玉県さいたま市）

大きな切妻屋根の下に、2層分の居間、左に書斎、右に寝室と南向きの開放的な開口部が日光をふんだんに浴びている。

5 前川國男自邸

設計＝前川國男　一九四二(昭和一七)年

前川國男(一九〇五〜一九八六年)は、日本人として初めてル・コルビュジエに弟子入りした建築家である。東京帝国大学の卒業式の日、夜行列車で神戸をめざし、そのまま船で大連へ渡った。一九二八(昭和三)年のことである。

当時、パリへ行くには、船かシベリア鉄道を選ぶ必要があったが、船なら一〇〇〇円、鉄道なら四五〇円だった。前川は鉄道を乗り継いで一七日間かけてパリまでたどり着き、そのままル・コルビュジエの事務所に入って二年間修業した。

このエピソードは有名だが、前川の切迫したル・コルビュジエへの傾倒ぶりをよく示す逸話である。

パリには国際連盟事務局長をしていた伯父の佐

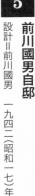

天井までいっぱいの透明ガラスの窓が開いているが、ガラスを支える枠がすべて木製のため、優しく落ち着いた雰囲気が漂っている。

藤尚武がおり、その伯父を頼ってパリをめざした。ル・コルビュジエは国際連盟のコンペに戦いを挑み、サヴォア邸の建設にかかるところであった。

戦前戦後の日本建築界でル・コルビュジエの影響が圧倒的に大きかったのは、この前川の行動と彼がもたらした情報がもとになっていた。

帰国後、前川はレーモンドの事務所に勤めたが、やがて独立し、精力的にコンペに応募し、鮮やかなモダニズムの建築で注目を集めた。しかし、時代は日中戦争から太平洋戦争へと急速に傾き、住宅は三〇坪に制限された。その制約の中で建てられたのがこの自邸である。

この住宅が目黒に一九四二年に竣工した当時、前川は独身で、お手伝いさんの親子が住み込んでいた。

前川がサロンと呼んでいた居間にはふんだんに日が差し込み、高い天井とともに居心地のよい非常に快適な空間になっている。

しかし、一九四五年三月、東京大空襲により銀座にあった前川の事務所は焼失してしまう。しかたなく、この自宅を事務所とする。この居間と階段を上がった二階はスタッフの製図板が所狭しと占領してしまった。

戦後の名作、紀伊國屋書店、神奈川県立音楽堂・図書館(五四頁)、日本相互銀行などがここから生まれた。

事務所がここへ移ってから三か月後、戦争が終わるのを待っていたかのように、一九四五年八月一九日に前川は結婚し、ここへ夫人を迎えている。ここに大勢の所員、お手伝いさん親子、そして前川夫妻、ぎゅうぎゅう詰めだったに違いない。だれもが、住まいを失い苦しんでいた時代だった。

戦争が終わって九年、一九五四年四谷に事務所

石の塀２枚で門扉のない入口（右上）、玄関から入る大きな１枚扉（右下）、階段下の食事コーナー（左上）、西洋風のバスルーム（左下）。

ビルが完成、やっとここが専用住宅となり、夫婦水入らずの住まいとなった。戦争末期から戦後の一〇年近くここが設計事務所として使われたことになる。

木造なので、一見在来の日本家屋と思われるかもしれないが、大きな吹き抜けと背後の中二階からなる構成はル・コルビュジエが得意として繰り返し用いたスタジオ・ハウスの型式だ。落ち着いたじつに豊かな空間をもっている。

一九七三年には、この住宅もさすがに手狭になって、ついに鉄筋コンクリートで建て直すことになった。この自邸は二〇年ほど夫婦の専用住宅として使われたわけだ。

現在、小金井公園の江戸東京たてもの園に移築公開されている。

（東京都小金井市）

八幡宮の入口、平家池の向こうに、白いキュービックな箱が軽く浮いたように立つ姿は、まさに近代建築のお手本のように美しい。

6 鎌倉文華館 鶴岡ミュージアム（旧神奈川県立近代美術館）設計＝坂倉準三 一九五一（昭和二六）年

ル・コルビュジエのアトリエで建築を学んだ坂倉準三（一九〇一～一九六九年）の、師匠直伝の美術館建築。バリバリのモダニズム建築でありながら、どこか古典的な気品と日本的な開放感のある建築に仕上がっており、多くの人に親しまれた。

しかし、よく考えてみると、この建築の一番魅力的なところ、エントランスの大階段と、池に張り出した縁とピロティ、そして大谷石を使った壁はどれもモダニズムというより、西洋古典建築と日本建築からの引用部分や地場産の大谷石という、およそ近代建築の原則とは反対のものばかりであった。

坂倉の、モダニズムというドグマに縛られない

ル・コルビュジエが否定したバロックのような大階段を採用して近代建築の掟を破っているが、堂々とした魅力的なファサードだ。

自由な発想が、魅力的な建築を生み出す力になっているのだ。

この建築がコンペで決まったのは、一九五〇年、まだ終戦から五年しか経っていない時だった。資材が極端に欠乏した時代に、工夫を重ねてつくり上げた鉄骨造の軽快な作品。すみずみまで心血をそそいだ、気持ちのこもった作品だ。貧弱な材料にもかかわらず建設当時からほとんど変更を加えずに、そのまま維持され利用された。

一九五〇年代の建築のなんと魅力的なことか！　この時代の建築としては、前川國男による神奈川県立音楽堂・図書館（五四頁）とともに味わいたい作品だ。

この敷地は鶴岡八幡宮からの借地だったため、期限の切れた二〇一六年に八幡宮へ譲渡され、鎌

池に面した敷地条件を生かした魅力的なピロティ。一見伝統的な日本建築を思わせるが、じつは前例のない独創的なデザインだ。

倉文華館 鶴岡ミュージアムとして再生された。

大谷石の壁に囲まれた中庭も魅力的なポイントだ。人々がなんとなく行き交う「広場」になっていた。中庭の中央にはイサム・ノグチの彫刻作品が立っていたが、今はない。

坂倉は日本では美術史を勉強しただけで、建築については、ル・コルビュジエのアトリエで学んだことが全てであった。このため、一九三一年から五年間もアトリエに在籍した。

日本からル・コルビュジエのアトリエに入門した建築家としては、坂倉のほか、前川國男、吉阪隆正がよく知られているが、坂倉が最も長く、気心の知れた親しい間柄になっていた。このためル・コルビュジエが西洋美術館（七四頁）の敷地検分のため来日したときには、ここに案内している。

文華館の入口は八幡宮の参道に向けてつくられた（右上）、中庭の大谷石の壁（右下）、２階ホール（左上）、階段の登り口（左下）。

師の設計した西洋美術館が、自らの理論に縛られて、ピロティ、独立柱、トップライト、屋上庭園などにこだわった窮屈な感じが残るのに対して、坂倉は師の嫌った前時代の大階段をぬけぬけと取り入れてしまう大胆不敵なところが興味深い。坂倉はル・コルビュジエに長く師事したにもかかわらず、発想が自由だった。そのため多くの作品を残したが一貫した特徴を摑みにくい。

坂倉の事務所からは、多くの個性的な建築家が巣立っていったが、それも坂倉の自由な姿勢のためだったかもしれない。

現在の鶴岡ミュージアムは、入口が美術館のときとは正反対の側に変更されてしまったが、大階段やピロティなど主な特徴は残されており、かつての姿を偲ぶことができる。

（神奈川県鎌倉市）

レーモンド自邸をコピーしたものである。極めて単純な片流れの平屋だ。高崎市美術館の一角に旧井上房一郎邸として公開されている。

7 旧井上房一郎邸（レーモンド自邸写し）

設計＝A・レーモンド　一九五二（昭和二七）年

アントニン・レーモンドは、戦前一八年、戦後二六年、合計四四年の在日期間の間、建築家として絶えず設計を続け、膨大な数の建築を日本に残した。

戦前の鉄筋コンクリートの建築は、世界の近代建築の歴史の中でも先駆的な作品も多く、住宅、教会、大学、大使館等々、大変な数の建築を設計し、今も使われているものが少なくない。

戦後も大学、教会、体育館、音楽ホールと多彩な建築を作り続けたが、その中でもっとも魅力的で、優れた建築は、と聞かれれば、私はためらうことなく「レーモンド自邸」と答えたい。

レーモンドは自邸を二度建てた。一度目は戦前

居間で、図面を描いたり、手紙を書いたりしていたが、所員が打ち合わせに来たり、来客を通したり、なんでもここでこなしていた。

に鉄筋コンクリートで建て、世界の近代建築の最も先駆的なお手本と言われている。今はない「霊南坂の自邸」である。二度目は戦後再来日したあと西麻布に木造で、一つの敷地に事務所と自宅を並べて建てたものだ。

木造、片流れの平屋という極めて単純でローコストな建築である。

残念なことにこの自邸と事務所は失われてしまったが、そのコピーが残されて公開されている。

住宅のコピーが残されているなんて他では聞いたことがないが、一九五一年にレーモンドが自邸を建てると、親しくしていた群馬県高崎市の建設業井上工業の社長、井上房一郎の自宅が火事で焼失してしまったが、レーモンドの自邸が気に入ったので、これをこのままコピーさせてほしいと頼

床まで開いたガラス窓と障子。レーモンドが創造した心地よい場所だ。日本的ではあるが、畳は使わず、室内で靴を脱ぐこともなかった。

み込んだ。

レーモンドは快諾して図面を提供すると、井上は自社の大工を派遣して隅から隅まで実測して、そっくりな井上房一郎邸を高崎に建ててしまった。

井上は高崎では芸術文化のパトロンとして絶大な力を持っていたから、後に群馬音楽センターの設計を依頼する布石にもなった（八四頁）。

これが出来たのはレーモンド自邸の翌年一九五二年だが、この頃、日本の建築現場では足場として杉の間伐材《かんばつざい》を利用した丸太が一般に使われていた。レーモンドはこの自邸をつくるに際して、杉の足場丸太を全面的に使った。

構造はすべて杉丸太、柱も登り梁も、斜めの方杖は丸太の半割り材をボルトで留めている。壁は三・六ミリのラワンベニヤ板を真鍮の釘で打ち付

レーモンド夫妻は必ずここで食事をした（右上）。杉の間伐材でできた柱、半割り材の登り梁など、徹底してこの手法が使われた。

けただけで塗装すらしてなかった。

それは、日本の大工がつくる和風建築とはまったく異なる独創的な構造であった。

レーモンドは日本人の、自然と一体化した生活を心から楽しんだ。大きなガラス窓や障子はそれをよく表現している。彼はこれを世界に紹介し、欧米に床から天井までの引き違い窓を普及させた。

レーモンドは居間のデスクで設計や手紙を書いたりして仕事をしていた。また、来客もここに通し、客を庭のよく見える席に誘導したという。

最後まで夫人とともにこの簡素な住宅に住み続けたのは、レーモンドの思想の一貫性をよく示すエピソードである。

今もレーモンドの自邸を見学できるのはコピーしてくれた井上のおかげである。（群馬県高崎市）

ものつくり大学の構内にできたレプリカ。現地では限られた見学時間のなか、手分けして細部まで実測し、忠実に再現したという。

8 カップ・マルタンの休暇小屋（レプリカ）

設計＝ル・コルビュジエ　一九五二（昭和二七）年

国立西洋美術館とともに世界遺産に選定されたル・コルビュジエのカップ・マルタンの休暇小屋。世界遺産の中では、もちろん最小の建築である。これが偉大なモニュメントだというわけではない。

また、これは本物ではない。ものつくり大学（埼玉県）の構内に建てられたレプリカである。しかし、あなどってはいけない。じつによくできているのである。

ものつくり大学では、二〇一〇年に「学長プロジェクト：大学を元気にする企画募集」があり、そこに有志で「世界を変えたモノに学ぶ／原寸プロジェクト委員会」を立ち上げて応募し採用されたものである。

日本にない金具は現地で詳細に実測調査して、そっくりに再現された。建設学科と製造学科の共同作業の成果である。

二〇一一年に学生一〇名とともに実測調査を行い、二〇一一、二〇一二年の二年間の卒業制作として取り組んだという。

建設にあたっては、現地に行き、現物を詳細に実測して図面を起こしたうえで、参考文献で確認し、それに基づいて制作した。作業は、設計、確認申請、施工と本格的な建築としてつくられた。

しかも、ネジ一本から建具金物、照明器具、家具まで、すべて本物と同じものを目指した。

一見ログハウスに見えるが、実物と同様に、じつは丸太から角材を取った残りの廃材を合板に貼り付けたものである。

委員会は、建設・製造両学科の共同作業のため、日本にはない金物やネジまで忠実に再現されている。このため、ル・コルビュジエ財団から正式に

室内は、建具、塗装、家具、すべて忠実に再現されている。製図台、ソファー兼用のベッド、便器などがあるが、浴室、キッチンはない。

「レプリカ」として認定された。

ル・コルビュジエは、パリでは、自分の設計したポルト・モリトーの集合住宅の最上階をアトリエ兼用の住宅として生涯の住まいとしたが、南仏出身の妻イヴォンヌは息苦しくてたまらなかったらしい。そこで南仏の保養地コート・ダジュールの片田舎カップ・マルタンに小さな休暇小屋をつくることにした。

ル・コルビュジエ六四歳、脂の乗り切った巨匠にしては、なんともささやかなものである。

親しくしていた食堂「ひとで軒」の親爺に頼み込んで増築の形でつくった。このためキッチンはつくらず、隣の食堂を利用した。トイレはカーテンの向こうの便器のみ。風呂はない。外のシャワーを使った。

入口の壁画（右上）、ハンガー（右下）、南側、地中海が見える小さな窓（左上）、小屋の横に自身と妻の墓を生前につくっていた（左下）。

小さな窓からは大好きな地中海が見える。ル・コルビュジエはここが大層気に入っていたが、妻イヴォンヌが気に入ったとは到底思えない。

世界的な巨匠となったル・コルビュジエが、自分のためにつくった家は、これが最初で最後である。しかし、それは住宅とは言えない、あくまでも休暇小屋でしかない。

世の建築家で奥さまからまったく認めてもらえない人は少なくないが、ル・コルビュジエにしてこれだから、他は推して知るべし。

小屋ができて十三年後、ここから日課にしていた海水浴に行ったまま帰らぬ人となった。

一九六五年、七七歳であった。

「近代建築の五原則」を掲げて建築に革命を起こした戦士の見事な最期である。

（埼玉県行田市）

グラス・ハウスと言いたくなるほど、大きなガラス窓が外光に向かって開かれている。窓枠が鉄ではなく木製であることが驚きだ。

9 山口蓬春の画室

設計＝吉田五十八　一九五三（昭和二八）年

吉田五十八《いそや》は一八九四（明治二七）年、まだ江戸の面影が残る日本橋で生まれた。

吉田の父は太田胃散を創業して成功したが、吉田の幼いころ父母ともに亡くなり、会社を継いだ長兄の夫人に引き取られて育てられ、彼女が芸事が大好きで常に吉田を連れ回した。このため吉田は幼い頃から和風の空間や芸事に親しんだ。

吉田は東京美術学校（東京藝術大学）の建築科に進むが、そこでは、西洋古典建築の装飾の模倣ばかり教えられた。ところが卒業後、ヨーロッパで見た建築は、文化や風土が異なり、日本人が模倣できるようなものではないと痛感した。

そこで吉田は、自分の使命は和風建築の近代化

画室には大きなガラスの窓を通して十分な光が注がれている。１本しかない細い横桟が広々とした明るい雰囲気を助けている。

にあると決断し数寄屋《すきや》に注目した。

はじめは知り合いの住宅や同級生の画家のアトリエなどの設計を通して試み、昭和一〇年ころには数寄屋の近代化はほぼ完成の域に達し「新興数寄屋」と称していた。

ちょうどその頃、売れっ子の女流作家吉屋信子から「先生の思うとおりつくってください。私はなにも文句は申しません」と設計の依頼があった。吉田は大喜びで自分の追求していた技法をすべてここにつぎ込んだ。吉屋信子邸は新興数寄屋の集大成だった。これが新聞・雑誌に大々的に紹介され、大評判になった。

戦後になって、山口蓬春が、葉山で売りに出ていた物件を、吉田の助言を得て購入したのは昭和二三年。

吊り束をなくしたため、フラットな天井が廊下まで障害なく伸びている。そのため部屋の空気がスッキリと広がって感じられる。

海へ向かう南向きの広い庭のある斜面という、最高の立地である。その既存家屋に吉田の設計で画室や茶の間、内玄関を増築していった。

精緻な設計とお気に入りの大工の精妙な仕事で、繊細にして軽快で、のびのびした画室に仕上がって、新興数寄屋の面影をよく留めている。

山口蓬春は、東京美術学校で吉田と同級で、その後も何度も自宅の設計を依頼している。

他にも同級生の画家の住宅やアトリエを設計し、次第に、邦楽家、料亭、旅館へと広がっていった。

和風建築の設計や工事は当時はすべて大工にまかされていたが、大工は親方から教えられた技術を忠実に繰り返すだけだったので進歩はなかった。しかし、吉田の狙いは、その和風建築を近代的な感覚で見直すことだった。

横桟だけの障子が続いている（上右）、折れ曲がる廊下（下右）、高さが変わる廊下の天井（上左）、技が光る繊細な障子の桟（下左）。

まずは長押《なげし》などの繁雑な線を整理しようと考えた。天井を平滑な面にする、照明器具を天井に埋め込む、多過ぎる柱を整理して大壁にする、ガラス戸・障子・雨戸などを壁の中に引き込み開口部を全開にするなど、ひとつずつ改革していったが、それは在来の技術への挑戦であり、大工からの激しい抵抗にあった。

しかし、施主に支持され、少しずつ大工の理解を得ると、最後には大工から神様のように尊敬され、旅館や料亭からは引っ張りだことなった。

そんな吉田の設計のエッセンスが、この小さな山口蓬春の画室に凝縮して表現されている。それは自ら「新興数寄屋」と称していたが、和風の数寄屋建築を近代的なセンスで磨き上げたものであった。

（神奈川県三浦郡葉山町）

四角い枠組みにコンクリート煉瓦をはめ込んだ直方体の端正な外観は、年月を経てますます落ち着いた深い味わいを見せている。

10 世界平和記念聖堂

設計＝村野藤吾　一九五四(昭和二九)年

原爆投下後の広島で、復興計画を象徴するように、ほぼ同時に二つの大きなコンペが行われた。世界平和記念聖堂と平和記念公園である。

審査の結果、記念聖堂は一等なしの二等に井上一典と丹下健三。記念公園は丹下健三と決まった。記念公園の計画は世界の建築界が注目し、これをきっかけに丹下は世界のタンゲへと飛躍した。ところが、記念聖堂は一等なしのため、いつのまにか、審査員の一人であった村野藤吾（一八九一～一九八四年）の手によって設計が進められた。

審査員が一等を出さずに、自分の手で設計を進めてしまうなど許されることではない。

この建築は原罪を背負って誕生したのである。

内部は曲線を多用したロマネスクのような優しく落ち着いた空間にステンドグラスから差し込むカラフルな光線が彩りを添えている。

なぜ、そんなことになったのか。詳しい説明はないまま、厳しい資金難のなか、ラサール神父をはじめとする信者たちの献身的な努力により、世界中からの献金によって、四年の歳月をかけて完成する。

不十分な出来だが「二〇年後にはなんとか見られるものになりましょう」。村野は、言葉少なく、だが名言を残して広島を去る。竣工後一〇年、二〇年後には見るも無惨に劣化してゆく近代建築への痛烈な批判を含んだ言葉であった。また、村野は「ポール・ボナッツの建築を参照した」とデザインの出典を正直に語っている。

たしかに、鉄筋コンクリートの枠組みの中にコンクリート煉瓦を埋め込み、静かでも豊かな表情を出す手法はボナッツそっくりである。

ゴシック建築のようなフライングバットレスが支えている。円筒形の内陣が立ち上がり、その上に平等院を模した鳳凰が載っている。

悩ましいのは、不透明な経過にもかかわらず、美談に飾られながら、だれも文句の言いようのない美しい建築に仕上がっていることである。

丹下が平和記念公園の平和記念資料館（五八頁）で、モダニズムの建築に日本建築の要素を加味して世界の建築家をうならせたのに対し、村野はロマネスクの教会を思わせる前近代的なデザインで関係者を納得させた。

その当時、村野はすでに経験豊富な六三歳に達していたが、丹下は四一歳で、本格的な鉄筋コンクリートの建築としては初めての仕事であった。

一方、村野は戦前に関西建築界の大御所渡辺節の下でチーフデザイナーとして腕をふるい、多くの作品を実現していた。キャリアの差は歴然だ。

しかも、丹下は大学を卒業しても、日本が戦争

鐘楼には鐘の音を響かせるため開口部が多い（右上）、小聖堂の花びらのような屋根（右下）、多彩なステンドグラスの光（左上・下）。

に突入し、実際に建築の設計に携わる機会はほとんどなかったばかりか、海外の建築を見たことさえなかったのである。

二つの建築は、その後の補修によって、丹下は多くの変更を余儀なくされたが、村野の聖堂は補修をしたものの、なにごともなかったかのようにほとんど同じ表情で立ち続けている。そこに建築表現の違い、設計者の力量の差、村野の熟達した腕力を見て取れるのは間違いない。

そこで、もう一度問いたい。優れた建築は、誕生の汚名をぬぐい去るに十分だろうか？

終戦直後のきわめて貧しい時に、出来上がった、二つの対照的な建築、それは建築の本質について考えさせてくれる。広島は今もわれわれの興味を引きつけて離さない。

（広島県広島市）

コンサートホールの後部座席が高くなっていく、その勾配をそのまま左上がりの屋根に表現したさりげなく控えめな外観。

11 神奈川県立音楽堂・図書館

設計＝前川國男　一九五四(昭和二九)年

戦後日本を代表する建築家たちが、戦中戦後の長い空白の後、初めて本格的な建築を設計し、実現したのがこの時代だ。

一九五一年　坂倉準三：神奈川県立近代美術館
一九五三年　大江宏：法政大学大学院、そして、
一九五四年　前川國男：神奈川県立音楽堂・図書館
一九五五年　丹下健三：広島平和記念資料館

と続く。いずれも、彼らの代表作であるとともに、戦後を代表する名建築である。

ちなみに、この建築は五名の建築家による指名コンペを勝ち抜いて前川國男が獲得したもの。

戦後八年目、まだコンサートホールの設計は初

長い庇の下の目立たない入口。目立たない入口は近代建築の特徴だ。左の突き当たりが図書館。音楽堂と図書館がつながっている。

めてで、つくり方がわからない。そこで前川はできたばかりで高い評価を受けているロンドンのロイヤル・フェスティバル・ホールを訪ねてその報告書を譲り受け研究した。そこには音響をデザインする方法が詳しく書かれていた。

このため、できたホールは内外の演奏家から高い評価を得ることができた。

舞台で音合わせの演奏をしているとき、木の壁に身を寄せてみると、本当に壁がヴァイオリンかチェロのように響いているのが体に伝わってくる。ホール全体が楽器のように共鳴しているのだ。壁の表面が「木」であるだけでなく、その下地も木製であることがよいのではと言われている。

コンサートホールというと、上流紳士、淑女の集まる気取った場所を想像しがちだが、ここは極

コンサートホールの後部座席が上がっている傾斜をそのまま天井にしているため、中庭に向かって大きな窓が開いた明るいロビー。

めて庶民的。気品があるが、気取ってはいない、市民のための空間になっている。これこそ、近代建築が目指した模範的な空間だ。

これは戦後一〇年目にでき上がった、音楽堂と図書館の複合建築。まだいたるところ、焼け野原が広がり食べる物にも不自由な時代にこれだけの文化施設をつくったのは神奈川県知事・内山岩太郎の英断。一九四七年～六七年、五期二〇年知事を務めた。鎌倉の近代美術館もこの人の発案と実行力の賜物である。

内山は外交官としても有名で、日本の国連加盟のために尽力した。スペイン語をはじめ得意な語学を生かして、各国と交渉したが、戦争中の残虐行為のため、フィリピンが立ちはだかった。

内山はこのフィリピンと交渉し、戦中の非礼を

木製のホールが眼にも耳にも優しい（上右・左）、ロビーの床は人造石研ぎだし（右下）。図書館も同じ中庭に向けて窓を開いている。

詫び、日本軍が破壊したマニラの大聖堂を復旧したいと提案し、神奈川県民に募金を訴え、独力で建設に必要なセメント六万袋を調達して送り、三年後には竣工して献堂式に招かれている。

一九九二年、このあたり一帯を再開発し、大規模で効率の良い施設につくりかえようという計画がもちあがった。建築界の一部にこれを推進する動きもあったが、これに対し真っ向から反対したのが、建築史家の鈴木博之であった。

近代建築は効率の良い新しい建築に建て替えていくのを当然とする推進派と、建物に込めた市民の愛着と記憶こそ建築の価値だとする保存派の主張が真っ向から対立した。

結局、バブル経済の崩壊のため、計画は行きづまり保存とされた。（神奈川県横浜市）

広島の復興を象徴する平和記念公園のゲート。資料館であるが、それ以上に象徴的な建築である。世界中に日本の復興を印象づけた。

12 広島平和記念資料館

設計＝丹下健三　一九五五（昭和三〇）年

平和記念公園の設計が公募されたとき、丹下健三（一九一三〜二〇〇五年）だけが、公園の中心軸の先端に原爆ドームをすえて計画した。なにしろ原爆ドームは、計画の予定範囲のそと、川を挟んだ向こうにあるのだから、他の設計者は思いもよらなかった。

丹下は、広島高校で学んだ。彼は高校時代、広島第一の繁華街であったこのあたりに足しげく通い、映画を見たり、商店街を散歩したり、カフェーに立ち寄ったりして、文学や哲学を語り合った思い出の地だったのである。

広島に原爆が投下され、全市が灰燼に帰して終戦となったあと、丹下は東京大学の建築科の助教

巨大なピロティが象徴性を際立たせている。戦争直後の貧困の時代になんとも思い切ったデザインだった。今見てもその構想力に驚く。

授となっていた。戦災復興院（のちの建設省）の委嘱をうけて破壊された各都市の復興計画を依頼されたとき、丹下は率先して広島担当を申し出た。

いま広島へ行くと原爆症になると言われながら、丹下の下に集まっていた優秀なスタッフを引き連れて広島に乗り込み、復興計画を練ったのである。

やがて広島市の呼びかけで平和記念公園を中心とする諸施設のコンペが始まった。

計画当時、原爆ドームは残すべきか撤去すべきか議論が分かれていた。丹下は原爆の悲惨さを後世に伝えるため、絶対に残すべきだと考えてこれを中心に軸線を設定し建築物を配置した。この案が一等に選ばれた結果原爆ドームの保存が実現し、ついには世界遺産にまでなった。

この計画は世界の注目を集め、丹下は招待され

原爆ドームに向かって据えられた慰霊碑。資料館と一体になったデザイン。当初はコンクリートだったが、石造につくりかえられた。

てロンドン郊外のホッデスドンで開かれたCIAM近代建築国際会議で発表し、一躍世界のタンゲとして認められた。

その中心施設が平和記念資料館。一階は全てピロティとし、二階は資料展示室という大胆な計画だ。

ピロティの高さ六メートル五〇センチ。通常の建築の二階分は優にある。丹下は人間の尺度を超えた群衆の尺度だと語り、二万人の市民を迎えるゲートとして必要だと力説したのである。

事実原爆投下一〇年後に行われた記念式典には世界中から五万人の人々が集い、丹下の計画の的確なことが実証された。

丹下はこのピロティの設計にあたって、ル・コルビュジエのマルセイユの集合住宅「ユニテ・ダ

ピロティから見た原爆ドーム（右上）。日射を遮るルーバー（上左）。巨大なピロティは平和記念公園へのゲートだった（下左・右）。

ビタシオン」を参照した。丹下はユニテを見たとき、社会的人間の尺度だと感じ、「ピロティの下に立って感動した」と率直に語っている。

ここには、かなり直截にユニテのピロティが反映している。ただし、ユニテは巨大なアパートを載せているのに対し、ここはただ一層の展示室を載せているにすぎない。ここでは、大きな重量を支えるためではなく、ゲートとしての象徴性を表現するために力強いピロティが採用された。

この建築によって、日本が敗戦の灰燼の中から力強く立ち上がろうとしていることを世界に向かって示し、日本の近代建築に世界が注目するきっかけになった。

その先頭に立っているのが丹下であることを、世界は理解したのである。

（広島県広島市）

信州安曇野に佇む碌山美術館は、荻原碌山の作品の展示場であるが、蔦に覆われた建築はまるでロマネスクの教会のようである。

13 碌山美術館

設計＝今井兼次　一九五八（昭和三三）年

長野県安曇野に生まれた荻原守衛《おぎはらもりえ》（碌山《ろくざん》）は読書や絵画の好きな少年だったが、その才能が開花するには、ある人との出会いが必要であった。

この地の名家、相馬家に嫁入りしてきた女性、黒光《こっこう》である。碌山より三歳年上の相馬黒光は仙台出身であったが、東京で学び、文学や芸術に造詣が深く、豊かな教養を身につけていた。碌山はその黒光から芸術の知識を与えられ、みるみる目覚めていったのである。

若い碌山は、日本を飛び出し、ニューヨークでデッサンを学び、パリで彫刻にふれて、無我夢中で彫刻を学んだ。決定的だったのは、ロダンとの出会いである。

不揃いな焼き過ぎ煉瓦で包まれた、アーチの連続する壁面は、光を受け止め、影を宿し、碌山を愛する人々の気持ちを受け止めている。

この頃、信州安曇野からは多くの若者が、近代の文明にふれて文学や美術に目覚め、刺激し合い、助け合って大きな渦ができていた。

一方、相馬黒光も上京し、新宿に中村屋を開くとともに、芸術家たちの支援にのりだした。

中村屋は当初パン屋であったが、月餅、印度カリーなど新商品を売り出し、喫茶部をもうけ、サロンを開設した。ここには、碌山をはじめ、高村光太郎、松井須磨子、会津八一ら多くの文学者、芸術家が集まった。

碌山はたちまちのうちに彫刻家としての才能を開花させ、ロダンを彷彿させるすぐれた作品を矢継ぎ早に世に送りだす。

代表作と言われる「女」は苦悩する黒光を思わせるが、完成後一月程して、吐血し突然世を去る。

夫に裏切られて苦悩する黒光に碌山は愛を告白。彼女を思わせる「女」は碌山最後の作品、最高傑作と言われている。

一九一〇（明治四三）年三〇歳だった。

碌山の死後四〇年もたって、戦後の貧しいときに、碌山は郷土の人々にとって希望の光だった。

碌山の作品を残そうと、地元の先生たちが立ち上がり、研究会を開き、学校を廻る巡回展を開いて啓蒙普及に努めた。その結果、碌山の美術館をつくろうという機運が生まれた。

長野県内のすべての小中学校の生徒たちの、五円、一〇円の寄付金をはじめ、県民を中心にした三〇万人の寄付金をもとに、多くの人々の協力によって建設が始まった。

敷地も町が協力し、隣接する小学校の敷地を割いて、当てた。

設計を依頼された今井兼次（一八九五〜一九八七年）は早稲田大学を卒業後、同大学の教員、同時

東京藝術大学の助教授、彫刻家の笹村草家人が協力し、ドアノブなどさまざまな作品を加えて、この建築に魅力を添えている。

に精神性の高い建築を残す建築家だった。

もっとも知られているのが、日本にガウディを紹介し、自らガウディに触発されて長崎に「日本二十六聖人記念聖堂」（八八頁）を設計したこと。

設計にあたって求められたことは、安曇野の気候風土にあったもの、碌山が影響を受けたキリスト教の精神を表現することなどであったが、今井は鉄筋コンクリート造ではあるが、全体をロマネスクの教会のような姿にまとめ、さらにコンクリートの壁面の外側に焼き過ぎ煉瓦を積んだ。そのため、建設直後から深みのある落ち着いた風格を漂わせて、訪問者を優しく迎え入れてくれる。

中村屋も玄関ドアを寄付するなど建設に協力したが、碌山美術館ができたのは、黒光がこの世を去って三年後のことであった。（長野県安曇野市）

手前の議会棟の下部は全部ピロティ。高いピロティが市民に向けて開かれている。右手奥に高層棟が見える。

14 香川県庁舎

設計＝丹下健三　一九五八（昭和三三）年

香川県庁舎は丹下健三のオフィスビルの最高傑作と言われている。

近代建築の原則に柱、梁、縁、庇など和風建築の要素を融合して高い完成度を実現した。

高層棟、議会棟、中庭がコンパクトにまとまって、快適な空間を実現している。特にそれを結びつけているのが議会棟一階のピロティである。思い切り高いピロティが市民に対して開かれており、中庭へ、あるいは高層棟へと導いている。

市民に開かれた、民主主義を追求した庁舎建築として秀逸だ。

建築表現の見せ場は、高層棟の外観である。小梁の表現をはじめ、当時の大工の技術を極限まで

高いピロティを抜けると中庭があり、そこに高層棟が聳えている。高層棟の庇を支える梁の繊細な表情が見せ場になっている。

駆使したアクロバットとも言える表現をやってのけている。

よく見るとその小梁の薄いこと！

厚さ十センチほど、なんという薄さ！

その打ち放しコンクリートの打設の正確さ！

ということは、極めて正確な木製の型枠をつくり、中に鉄筋を配置し、そこに極めて丁寧にコンクリートを打ち込んだ、ということである。

型枠製作には宮大工が起用され、大勢の作業員が竹の棒でコンクリートを丁寧に突き込んだ。

実際の作業は近代的どころか気の遠くなるような手作業が要求されたのである。

その結果、五〇年以上経ったいまでもコンクリート打ち放しの状態が美しく維持され、丹下の意図した効果をそのまま読み取ることができる。

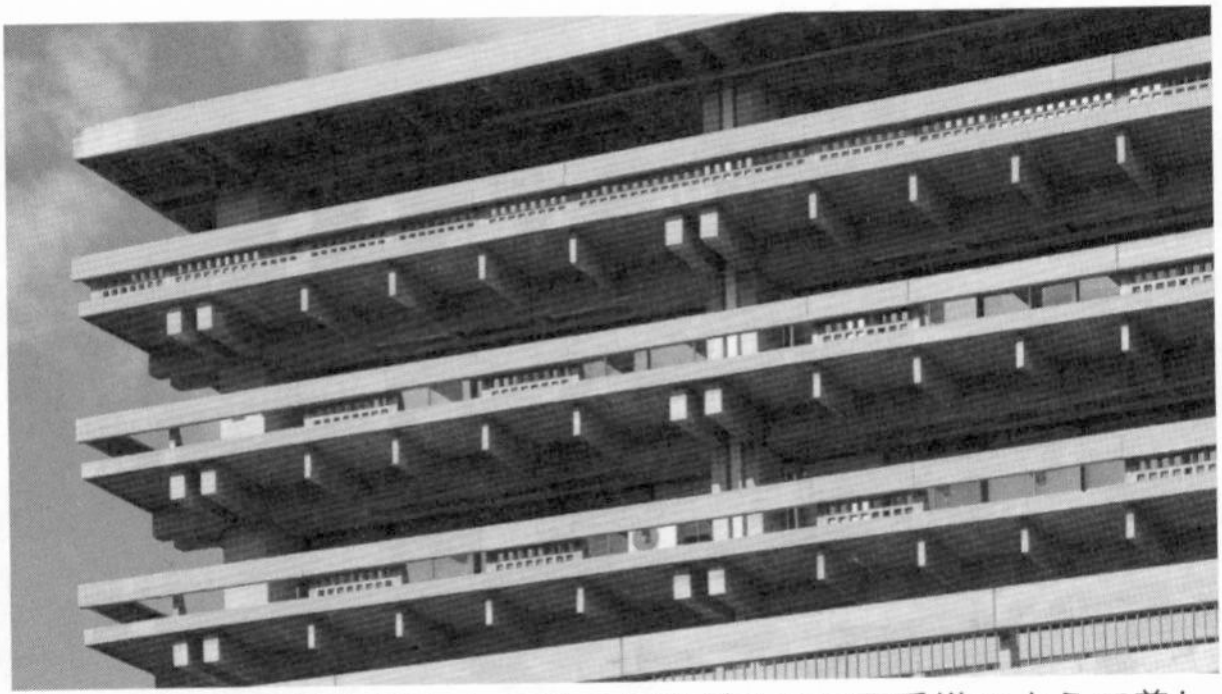
ベランダの下に並んだ大小の梁の木端がまるで五重塔のようで美しい。日本建築の伝統美を近代建築に融合してみせた最大の見せ場。

近代建築が近代の産業技術を背景に成立するというテーゼに反し、ここでは、前近代的な大工技術を用いた精緻な手作業に裏付けられたコンクリートの仕上がりを前面に押し出した工芸品のような建築であった。

世界を驚かしたのは、近代建築の美しさというより、日本人の工芸的な手作業ではじめて実現できた精緻な工芸的な作品だったのかもしれない。

日本には近代建築の誕生と老成が同時に訪れた。インターナショナルを目指した近代建築が、世界各地の気候風土、伝統文化を取り入れて多様化していく、近代建築成熟期の様相が、ここに典型的に現れている。

日本で、戦後、本格的に建築が再開された時には、世界ではすでに近代建築の後期であり、初々

議会棟の大会議室（右上）、高層棟の１階の猪熊弦一郎による壁画（左上）、中庭を囲む議会棟と高層棟（右下）、議会棟のピロティ（左下）。

しい近代建築の誕生と成熟・老成を同時に体験することになったのである。

丹下は、広島、清水、倉吉、東京都庁舎と「モダニズムと伝統の統合」というテーマを追求してきたが、この香川県庁舎で一つの解答を出すことに成功すると、急速にこのテーマから興味を失い、二度と取り組むことはなかった。丹下にとって「和」はそれほど本質的な問題ではなかったのかもしれない。

一九五〇年から六期二四年間香川県知事を務めた金子正則は、丸亀市出身の画家猪熊弦一郎と親交があった。猪熊を介して丹下健三、大江宏、芦原義信らを招き、香川県庁舎をはじめ優れた建築を次々に実現し、香川県に質の高い建築文化を開花させた。

（香川県高松市）

コンクリートのフレームに煉瓦を貼り込んだ壁面は、時計とともに、旭川のシンボルとして長年市民に愛されてきた。

15 旭川市庁舎

設計＝佐藤武夫　一九五八(昭和三三)年

佐藤武夫（一八九九〜一九七二年）の父は軍人だったため、全国各地に赴任したが、歩兵第二七連隊付中佐として旭川に赴任したとき、佐藤は旭川の上川中学に一年生で転入し、三年生の半ばで岩国へ転校した。このため、多感な時期の三年ほどを旭川ですごした。

　のちに佐藤は旭川市庁舎の設計を依頼されたとき、旭川ですごした少年期の記憶がよみがえる。半年近く灰色の空と雪に覆われた世界の中で、小さな煉瓦の建物を目にした時の喜びを思い出したのだ。北海道では開拓以来の郷愁を伴って煉瓦の壁は親しまれている。こうして外壁に煉瓦の赤い壁をコンクリートの白い線が区切る市庁舎の独特

中庭を囲む低層部の中に、高層部が聳え立っている。高層部と低層部のバランスがよく、安定したデザインになっている。

のデザインが誕生した。

煉瓦の建築は明治時代のものであり、鉄筋コンクリートの建築は煉瓦を駆逐してきた歴史があり、鉄筋コンクリートながら煉瓦を用いた旭川市庁舎は、本来敵対したものを和解させた珍しいデザインなのである。新しいけれど古い、市民の感情を掴む、いかにも佐藤らしい建築だ。

このため、壁面に煉瓦が埋め込まれた赤い市庁舎は市民に親しまれ、愛されてきた。

佐藤は早稲田大学の建築学科を卒業する（大正十三年）と、そのまま助教授に就任し、すぐに大隈講堂の設計を任される。当時の早稲田の建築学科を指導していた建築家佐藤功一に特別眼をかけられていたのである。総長高田早苗から「高い時計台のようなものが欲しいね」さらに「大学の

本会議の議場は、木工産業の盛んな旭川を象徴するように、天井や壁面に木材がふんだんに使われ、落ち着いた議場となっている。

建築はやっぱりゴシック風でなくちゃあ合わないよ」と言われて、その言葉に導かれるように、いまなお早稲田のシンボルとして親しまれている大隈講堂の設計がまとまった。当時は最新の技術であった鉄骨鉄筋コンクリート造でありながら、クラシックな様式を取り入れて、だれにも愛される建築となった(昭和二年)。

佐藤はその後大学で教授となり、主として音響学の研究者、教育者として戦前・戦中にかけて早稲田の建築学科を代表する人物として活躍した。

佐藤は多くの随筆を書き残しているが、世界の建築や都市の魅力を書く観察力はバランスがとれており、穏やかな人柄をよく表している。

一九四五年に、設計事務所を設立して、五一年には大学を辞し、設計に専念する。建築家として

別館の客溜まり（上右）、中庭へ抜けるピロティ（下右）、東側の側面全景（上左）、正面玄関脇にある市役所の標識（下左）。

は五〇歳の遅いスタートであった。

佐藤は全国各地に市庁舎の建築を残している。旭川市、新潟市、矢板市、土浦市、文京区、葛飾区、中央区、大津市、岩国市とそれぞれ特色のある建築だが、同時にシンボルとなる塔を建てることが特徴だった。佐藤は、煙突など、必要なものを塔の形にデザインしただけと説明しているが、市民の心に残るシンボルが必要だと考えていたのである。しかし、旭川市は珍しく塔のない市庁舎だった。旭川は、庁舎自体が煉瓦とコンクリートの美しいシンボリックなものだったので、さらに塔は必要としなかったのである。

佐藤のつくる建築は、特別目を見張るようなものではないが、気品があり、都市環境との調和を大切にした穏やかなものが多い。（北海道旭川市）

ル・コルビュジエの建築が日本にあり、公開されていることがまずうれしい。近代建築を考えるうえで大変貴重な作品である。

16 国立西洋美術館

設計＝ル・コルビュジエ　一九五九（昭和三四）年

第一次世界大戦では、ヨーロッパ各国は互いに死力を尽くして戦い、極端に疲弊していた。そんな時、日本は局外にいて、ヨーロッパが必要とした船などを輸出して外貨を稼いでいた。その資金を使って印象派の絵画やロダンの彫刻を買い集めたのが川崎造船の松方幸次郎であった。

しかし、第二次世界大戦が始まると、保管していた絵画はフランス政府に押収され、大戦後やっと返還が決まると、専用の美術館を用意することを条件として提示してきた。

日本政府は、文部省の中に「フランス美術館設置準備協議会」を設け、設計者はフランス政府に推薦してもらったうえで、日本の建築界に意見を

ピロティのお手本がこれだ。耐震補強がされたが、関係者の努力で、柱の太さは当初の美しいプロポーションがそのまま維持された。

聞く、という方針でまとまった。フランス政府の意向は、ル・コルビュジエを最適任とし、氏も日本には弟子もいるのでぜひやってみたい、とのことであった。

送られてきたのは簡単な図面だけだったし、内容も以前からル・コルビュジエが温めていた構想だった。それをもとに実際に図面を起こし竣工まで努力したのは、前川國男、坂倉準三、吉阪隆正の三人の弟子たちである。

これが完成した一九五九年には、日本はかなり豊かになって自信をつけていたため、ル・コルビュジエの建築ができても日本の建築家はあまり驚かなかった。

しかし、改めて見てみると、確かにル・コルビュジエの提案してきた近代建築の原則に則ったお手

19世紀ホールと名付けられた大きな部屋は美術館の中心にあって、2階の展示室へ向かう、シンボリックな空間になっている。

本のような近代建築である。

当時ル・コルビュジエはインドで驚くべき大胆な建築を次々に実現していたので、国立西洋美術館は控えめに見えたのである。

最大の特徴はピロティである。石を埋め込んだ外壁は二階のみ、一階は細い柱で、全体が宙に浮いたような印象となっている。

中央に一九世紀ホールという吹き抜けの大きな空間があり、ここから、ぐるぐる廻りながら展示を見ていくことになる。必要なら、巻貝のように外に増築すればよい、という案であったが、実際には後日、奥と広場の地下に増築された。

現在の感覚からすると、展示空間は狭苦しいし、自然光の取り入れは失敗しているし、無理な独立柱は展示の邪魔である。前川國男による増築部分

自然光では不十分のため人工照明に変更（上右）、ホールからの斜路（右下）、展示室の独立柱（上左）、1 階の開放的なロビー（下左）。

の方がはるかに見やすい。

しかし、二〇一六年にル・コルビュジエの七か国一七作品とともに国立西洋美術館が世界遺産に登録されると、改めて注目を集めている。

見直すと公開されている前庭の重要性に気がつく。ここには、松方コレクションのなかでももっとも重要なロダンの彫刻群が惜しげもなく陳列されており、美術館が一つの建築として鑑賞に耐える作品になっていることに気がつく。

設計をル・コルビュジエに依頼したこと、弟子たちが協力してル・コルビュジエの意図を実現したこと、上野公園の入口という場所に配置されたことなど、よい条件に恵まれた建築である。

ル・コルビュジエにとっては最晩年の作品であり、竣工後は来日できなかった。　（東京都台東区）

建築家たちは一九五〇年代に近代建築の可能性を見極めて、一九六〇年代に入ると、力強い経済の回復を背景に、自信をもってさまざまな試みに挑戦しはじめる。

五〇年代の代表作は丹下健三の香川県庁舎であったが、六〇年代の代表作はやはり丹下健三の代々木の屋内競技場である。丹下健三はまだ時代を牽引する力をもっていた。

この時代に登場する建築は非常に多様性に富んでいる。前川國男の東京文化会館、今井兼次の日本二十六聖人記念聖堂、村野藤吾の日生劇場と目黒区総合庁舎、吉阪隆正のアテネ・フランセと大学セミナーハウスなど、その表現はじつに多彩である。

どれも、モダニズムの定型を打ち破って次の時代を切り開こうという意欲に燃えているのがわかる。

第二章

近代建築の開花と成熟

――一九六〇年代の建築

この一〇年間ほど力強い力作が次々に作られた時代はほかでは決して考えられない。

一九六〇年に世界デザイン会議が東京で開かれ、日本からはメタボリズムグループが名乗りを上げたが、そのメンバーたちが活躍するのは、七〇年以降ということになる。

世界的にみても一九六〇年代は近代建築の完成期といえるが、日本では、成長、開花、成熟がこの一〇年間に凝縮して実現してしまった。

本書では、大規模な設計事務所いわゆる組織事務所の作品として唯一日建設計の林昌二によるパレスサイドビルが入っているが、この作品が組織事務所の力をはっきりと見せつけた。

この一〇年こそ、日本の近代建築を代表する充実した力作の揃った時代である。

めくれ上がった大きな庇は、恩師ル・コルビュジエからの借用だが、大きな建築を一つにまとめて印象的な外観にしている。

17 東京文化会館

設計＝前川國男　一九六一（昭和三六）年

ル・コルビュジエの国立西洋美術館ができた二年後、その目の前に、師の美術館を圧倒する大きさで、弟子の前川國男の東京文化会館が竣工する。それは、質量ともに六〇年代の日本社会の驀進を象徴するような建築であった。

大きなホワイエは夜空に星が輝くような天井で覆われ、大ホールを収める城壁のような壁が聳える、まるで、建築の中に都市があるかのような新しい体験を提供するものであった。

目の前の西洋美術館のオープンな前庭とともに、上野の杜に開かれた魅力的な場所となっている。

前川は、ル・コルビュジエのアトリエを辞めて帰国後、上野の東京国立博物館のコンペに応募し、

星空のような天井、落ち葉を敷き詰めたような床、エントランスロビーはまるで開かれた都市のように、人の出入りが絶えない。

東洋趣味を表現するという規定に反してモダニズムの案を提出して落選（昭和六年）、「負ければ賊軍」という挑戦的な文を発表して、戦闘開始ののろしをあげた。その後、多くのコンペで活躍するも、本格的な活躍は戦後であった。

主な建築はコンペで勝ち抜いたものが多いので、公共建築、とくに美術館、コンサートホールが多く、原則として公開されているので、前川の建築は今も見学できるものが多い。

東京文化会館は、東京の開都五〇〇年記念事業としてつくられたものだが、ちょうど日本経済の復興が軌道に乗って、豊かになってきたところなので、日本の経済力を誇示するような豪華な建築になっている。

この建築は京都会館と同じころに前川の手で設

2303人を収容する大ホールは、音響の良さで定評がある。反射板は彫刻家向井良吉の作品。ホールに独特の個性を与えている。

計されたのだが、東京を担当したのが大髙正人という前川事務所の中でもずば抜けて力強い表現力をもった建築家であった。このため、前川の意図を超えた力強い表現になったと思われる。

とくに、二つのホールをはじめ、さまざまな要素を纏めて、めくれ上がった大きな庇で取り巻いているのだが、それは、当時ル・コルビュジエがインドのチャンディガールで進めていた大規模な建築のデザインに影響されたものであった。

京都と比較するとよくわかるのだが、東京はちょっと大げさな表現が眼につく。

設計事務所では、基本的には代表者の建築家の作品なのだが、どうしても担当者の個性、とくに個性の強い担当者の場合、その性格が表れる。

大髙はこの建築ができたのち退社して、独立後、

庇の下の入口（上右）、背後には大ホールのフライタワー（上左）、649人収容の小ホール（下右）、大ホールのホワイエ（下左）。

千葉に文化会館を設計するのだが、そこには、東京を上回るモニュメンタルな表現が見られる。

前川は、ル・コルビュジエの弟子としてパリ滞在中に、時間をつくってはオペラやコンサートに出かけるなど、都市生活を満喫した。そうした経験の蓄積がこのようなコンサートホールの設計によく生かされているのかもしれない。

東京文化会館の大ホールの豊かな空間はそんな前川が自信をもって取り組んだ大作である。音の良さも定評があるが、聴衆を楽しませるための余裕のある、豊かな空間を感じることができる。

前川は最後まで色彩計画にはこだわり続けたが、色彩の豊かさ、驚くほど大胆な色使いは、この建築でも存分に楽しめる。

前川の代表的な作品である。

（東京都台東区）

多角形のガラスの大きな開口部、側面のコンクリートのギザギザの壁、他では決して見ることのできない、独創的なシルエットだ。

18 群馬音楽センター

設計＝A・レーモンド　一九六一（昭和三六）年

群馬交響楽団の拠点のために、高崎市民の熱望によって建てられた音楽ホール。市の予算が乏しいため、建設費の総額の半分近い一億円が市民の醵金《きょきん》によって集められたという。

一九六一年、戦後の貧困を克服してやっと芸術を求める余裕が出て来たことを示しているのだが、今からみると、まだまだゆとりの無い時代に、無駄の許されない切り詰めた緊張感が漂った爽やかな建築である。

この建築は、柱や梁ではなく、少ないコンクリートで大きな空間を覆うことのできる折板《せっぱん》構造という折り紙のようにコンクリートの板を折り曲げたような構造を特色としているが、日本では、同時

側面を見ると、コンクリートの壁だけで支えている折板構造がよくわかる。非常に合理的な構造だが、実施例は少ない。

代にできた世田谷区民会館、今治市公会堂とともに貴重な建築である。世田谷と今治が四角い箱のような形に対して、ここは多角形で全体を包みこむ極めて珍しい形である。コンサートから歌舞伎の上演まで多様な機能が要求されたからである。

工事は地元の井上工業が請け負った。

当初、レーモンドは、これは非常に難しい工事なので、地方の小さな建設会社では無理だと心配したが、いざ工事が始まってみると、社員が高崎の市民で、誇りをもって熱心に取り組む姿を見て、東京の建設会社よりはるかに良い仕事ができた、と感心したという。

二階のロビーには大きな壁画があるが、画家に依頼する予算がなかったので、レーモンドが自ら下絵を描いて、市民が分担して色を塗った。レー

ホールの内部も折板のコンクリートに沿ったラワンの合板、そこに照明を埋め込んだ、構造がそのままデザインという大胆な空間。

モンドは妻ノエミと共に絵を描き続けた画家でもあった。いろいろな建築に彼らの作品を残しているが、これは最大の作品である。

群馬交響楽団の設立から音楽センターの建設まで、一貫して先頭に立って力を尽くしたのは、高崎を代表する建設業井上工業の代表者、井上房一郎である。

井上は大学を中退すると、大正十二年、二五歳でパリへ向かう。その後六年間パリを拠点にヨーロッパ各地を見学、交遊を深め、六年後に帰国し、昭和十三年、四〇歳で社長に就任している。

パリ遊学の経験を生かした井上は、生涯高崎の芸術文化の発展のために献身的に努力した。

昭和八年ナチスの迫害を逃れて来日した建築家ブルーノ・タウトを助けて高崎の少林山達磨寺の

２階ロビーの大きな開口部（上右）と壁画（上左）、ロビーから上がる階段はうねるコンクリートに丸い穴とジグザグ模様(下右・左)。

洗心亭を紹介し、二年間保護したことはよく知られている。

終戦後、ただちに群馬交響楽団を創設し、その翌年には市立高等女学校で第一回演奏会を開き、県内の小中学校を廻る「移動音楽教室」を始めている。移動音楽教室を聞いた生徒は毎年三〇〇校、二〇万人にのぼった。この活動が映画「ここに泉あり」に描かれ、全国に感動を与えると、高崎は音楽の街として知られるようになる。

この建築は一九六一年という、やっと復興が軌道に乗った時代に、市民とスポンサー、音楽家たちが心を一つにしてなしとげた貴重な文化遺産である。六〇年間、高崎の、いや群馬県の文化の象徴として市民に愛され支えられて、生きてきた姿は貴重なものだ。

（群馬県高崎市）

屋根を載せた聖堂部分と、聖堂を挟んで立つ陶片モザイクで覆われた２本の塔。なんとも独創的な教会建築である。

19 日本二十六聖人記念聖堂

設計＝今井兼次　一九六二(昭和三七)年

秀吉の命によって京都や大坂で捕らえられ、長崎の小高い丘の上で磔《はりつけ》にされ殉教した二六人のキリシタンがローマ法王から聖人として認められて一〇〇年目の一九六二年ブロンズ製の群像と記念館、聖堂が完成した。

今井兼次は早稲田大学を卒業するとともに一九一九年大学の助手、翌年助教授になっているが、一九二六(昭和元)年、三一歳のときに東京の地下鉄駅のデザインを頼まれ、その調査のためヨーロッパをまわる。この時、パリでル・コルビュジエに会い、バルセロナにサグラダ・ファミリアを訪ねている。ちょうどガウディが市電に轢《ひ》かれて亡くなって間もないときで、サグラダ・ファミ

聖堂の内部。木造の天井。折れ曲がった壁面のいろんな形のステンドグラスからカラフルな光が聖堂の中に注ぎ込んでいる。

リアは生誕のファサードの塔がまだ上まであがっていなかった。

今井はガウディの建築に大きな衝撃を受け、帰国後繰り返し報告したが、モダニズムに夢中になっていた建築界では相手にされなかった。

この聖堂の設計を依頼されたとき、今井はガウディ建築を見てから三〇年経っていた。ついにその時がきた。六三歳の今井はそう思ったにちがいない。陶片モザイクによってつくってみたい。長年、胸の内にたぎっていた想念がついに実現する日が来た。

敬虔なクリスチャンだった妻を亡くして、自らも洗礼を受けクリスチャンとなっていた今井は、殉教した二六聖人に思いを寄せて、この作品のために全身全霊を込めて取り組んだ。

拾い集めた陶片に生命が吹き込まれ、力強く歌っているのは、近代建築の合理主義を超えた、今井の精魂こめた情熱のたまもの。

この作品をガウディの模倣だという人がいる。しかし、今井はガウディをコピーしたわけではない。ガウディから得たインスピレーションを心の中で醱酵させ、自らの思いを絞り出すように造形したのである。その形、デザインは完全に今井の胸の内から吹き出した独創的なものである。

今井は学生らとともに、京都から長崎まで、二六人の殉教者たちの足跡をたどりながら、その地の窯元を訪ね、陶片を拾い集めた。

ガウディはモザイクのために焼き物を焼かせたが、今井は不用になった陶器の破片をもらい、あるいは拾い集めた。

近所の老人が火鉢を抱えてきたり、料亭の女将が不用になった大量の高級磁器をくれたり、陶片の一つ一つに物語がこもっている。

彫刻家・舟越保武によるブロンズ像（上右）、中心はポルトガルの宣教師ガルシア（下右）、記念館（上左）、陶片モザイクの壁画（下左）。

近代建築が、工業製品、合理主義、幾何学を追求してきたのと、まさに正反対の建築なのである。

今井の一年先輩に村野藤吾がいる。今井とともに早稲田の建築を代表する巨匠である。村野が日生劇場（九六頁）を完成させたのが一九六三年、二十六聖人記念聖堂の一年あと、つまり、この二つの建築はほとんど同時に進行していたのである。

丹下健三が一九六四年のオリンピックに向けて、戦後建築の最高傑作と評される代々木の屋内競技場や東京カテドラルを設計していたとき、今井や村野は、モダニズムに背を向けて自らの代表作となる大作と取り組んでいたのである。

今井の二十六聖人記念聖堂は、村野の日生劇場とともにモダニズムに再考を促す歴史的な建築だったのかもしれない。（長崎県長崎市）

独特な形、独特な色、お茶の水の街に異彩を放っている。まったく異質な建築なのだが、すっかりこの街の風景に溶け込んでいる。

20 アテネ・フランセ

設計＝吉阪隆正　一九六二(昭和三七)年

吉阪隆正（一九一七〜一九八〇年）は早稲田大学の教員でありながら、ル・コルビュジエのアトリエに入門し、学んでいる。

しかし、吉阪が在籍していたころのル・コルビュジエは、前川國男や坂倉準三がいたころの幾何学的な建築を追求していたル・コルビュジエとは一線を画し、豊満な裸婦の絵を描きながら、曲線を多用し、色彩の氾濫する集合住宅や教会を設計していたのだった。

つまり、吉阪は理知的で革命的なル・コルビュジエではなく、野性的な生ぐさい人間ル・コルビュジエに惚れ込んで帰ってきたのである。

ル・コルビュジエには有名な日本人の三人の弟

ピンク色の壁がコンクリートの威圧感をなくし、街に独特な風景を生み出し、アルファベットがこの学校の雰囲気を伝えている。

子がいたが、前川とも坂倉ともちがう吉阪のル・コルビュジエを日本に伝えたのである。

この学校は、フランス語学習の名門中の名門。多くの著名人がここでフランス語を学んだ。

コンクリートというものは、つくる人によって自在に姿を変える。安藤忠雄の登場以来、コンクリートは平滑でエッジの立った冷たいものというのが常識となっているが、ここへ来ると反対に素朴で柔らかく、暖かみのある素材であることを思い出させてくれる。

これが平滑なコンクリートだけの大きな壁面だったら、暴力的な圧迫感を漂わせたに違いない。壁に彫りぬかれたアルファベットがどれだけ壁の表情を豊かにしているか。

壁面に塗られたピンク色は、吉阪隆正が招聘教

裏側から見ると崖の上に聳えているが、前面のコンクリートの閉じた壁とは反対に、こちらは教室のガラス窓が大きく開いている。

授でアルゼンチンに行ってしまい、残されたスタッフが手紙でやりとりして決めた。吉阪の指示は「アンデスに沈む夕陽の色」だったという。

吉阪は登山家としても有名だ。常にエネルギッシュに世界中を飛び回っていた。しかし、六三歳という、普通の建築家がこれから代表作を残そうというもっとも経験と気力の充実した年齢で亡くなってしまった。

吉阪は早稲田大学を卒業し、そのまま助手、助教授、教授と教育者を貫いたことも注目しておきたい。この時期、大学に籍を置きながら建築家としても活躍した人は少なくない。今井兼次、丹下健三、大江宏、清家清《せいけきよし》、芦原義信と戦後の建築史を飾るそうそうたる建築家が思い浮かぶ。しかし、吉阪ほど、多くの有能な建築家を育てた人はあま

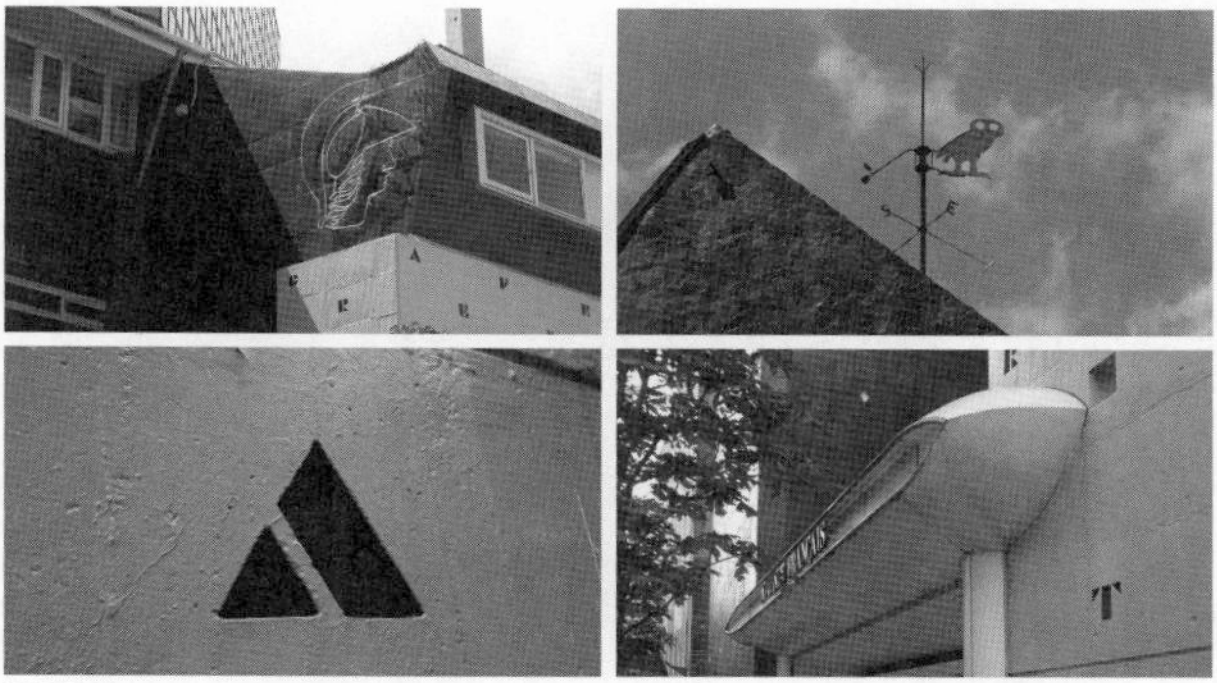

避雷針のフクロウ（上右）、学校のロゴのネオンサイン（上左）、入口の庇（下右）、コンクリート壁のステンシル文字（下左）。

りいないのではないだろうか。つまり、吉阪は非常に優れた教育者でもあった。

しかし、それは、熱心に授業を行ったということではない。つねに留学、探検、登山と大学を留守にすることが多く、学生に接する時間は非常に短かった。しかし、一瞬の出会いが濃密だった、と多くの弟子たちが証言している。規則にしばられた、今の大学教育とは正反対のものだった。

また、吉阪は膨大なスケッチを描き、膨大な文章を残した。そんな吉阪の一端が、この小さな建築からも読み取ることができるような気がする。

つまり、四角四面なモダニズムの規範にしばられることなく、建築はもっと自由にのびのびとつくっていいのだ、と語りかけているように見えるではないか。

（東京都千代田区）

1階をピロティ、2階を少し後退し、3階から6階の壁に窓を開け、屋上に庇を出し、コーナーにも窓を開け、表情豊かなビルだ。

21 日本生命日比谷ビル・日生劇場

設計＝村野藤吾　一九六三(昭和三八)年

帝国ホテルに隣接し、日比谷公園に向き合う日比谷の一等地にある日生劇場、ここでコンサートや演劇を鑑賞し、よい思い出をもっている人は少なくないかもしれない。

このビルが竣工し、建築雑誌に発表されたとき、建築評論家の浜口隆一は、設計者の村野藤吾に、なぜ石貼りなのか、疑問を投げかけた。

浜口は、産業革命の結果大量に生産される、鉄、コンクリート、ガラスを主な材料とし、その構造を正直に表現することこそ近代建築の原則だという信念をもっていた。

それは、近代建築の基本として建築家ならだれでも共有していた価値観でもあった。だから「な

１階はピロティで大きく開放し、床は長谷川路可による大理石のモザイクにより、おおらかな、楽しい雰囲気に包まれている。

ぜ石なんですか」という質問は読者の気持ちを代弁したものだった。

この問いに対し、村野は「このビルは日本生命の七〇周年記念という大切な事業、百年存続するものでなければならない、それには、石しかないのだ」と答えている。もちろん石造という意味ではない。主要な構造は鉄筋コンクリート造だが、その外側に石を貼り付けたということである。

浜口は、もし、そこに意味があるというなら、現代建築の論理が崩壊するとまで言っている。

このころ、鉄筋コンクリート造打ち放し仕上げで柱梁を表したビルは街中に溢れていた。そのお手本は丹下健三の香川県庁舎（六六頁）であった。それが建築界の常識であった。

このため、建築家たちは構造の見えない石貼り

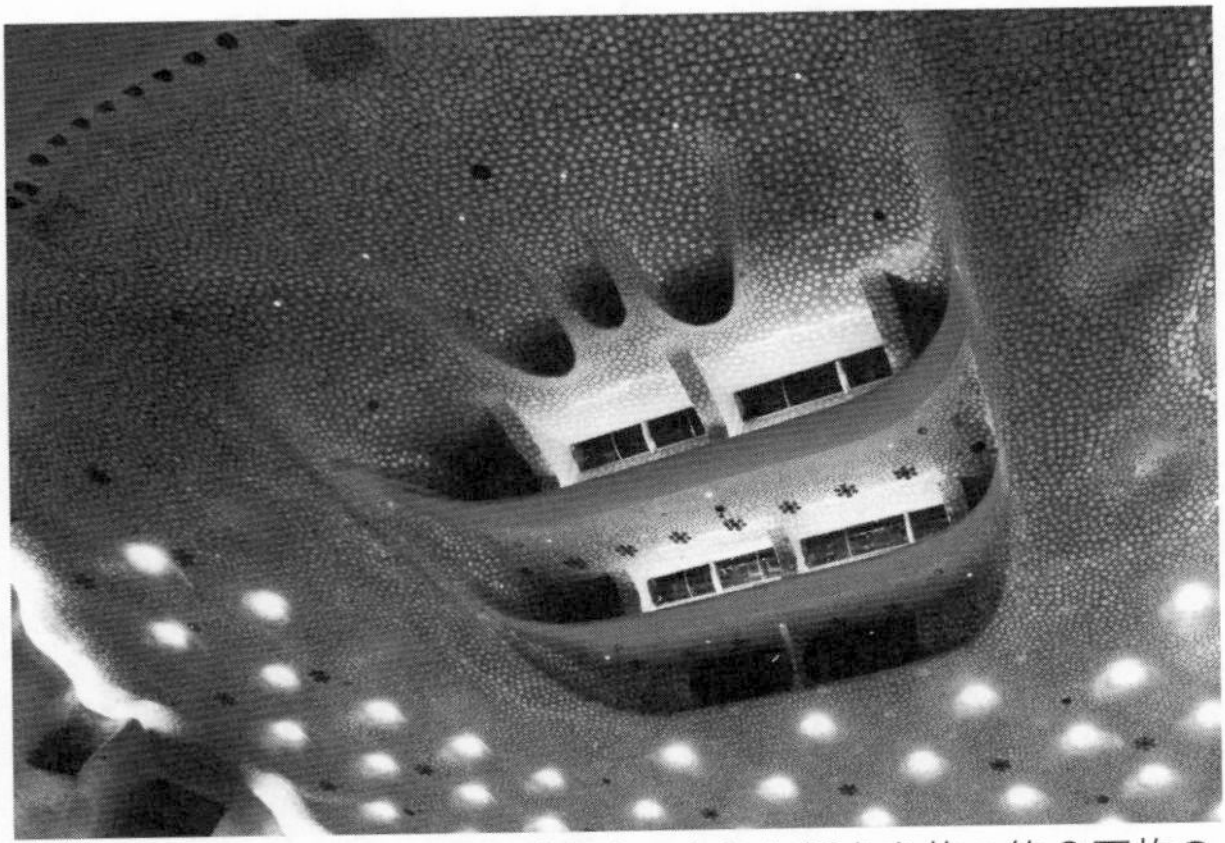

劇場の天井は、うねる曲面が真珠のような輝きを放つ約２万枚のアコヤ貝で埋め尽くされ、幻想的な空間をつくり出している。

の日生ビルに強い違和感を覚えたのである。

しかし、建築家たちのこんな心配をよそに、このビルは時とともに高い評価をうけ、すっかり、日比谷の気品ある風景の一部になってしまった。

外壁をつつむ石材は、岡山産の万成石《まんなり》、微妙に色味の違う淡紅色の花崗岩を混ぜて貼り、その表面にビシャン叩きという細かな凹凸をつけたもの、このため穏やかで、暖かい表情をたたえている。

一階ピロティの床には、長谷川路可による大理石のモザイクが施されている。

ロビーでは大理石の床、赤い絨毯と豪華な仕上げの中に意表をついて表れるのが安価なアルミの押し出し材を張り巡らした天井である。このあと豪華なホワイエを通っていよいよ劇場である。

劇場の空間全体が岩礁に囲まれた海の中のよう

ロビー天井を飾るアルミの装飾（上右）、大理石の階段（下右）、ロビーをつなぐ優美な階段（上左）、ピロティの大理石モザイク（下左）。

である。中でも最大の見せ場は天井、波打つ石膏板の全面に貼り巡らされた真珠色に輝くアコヤ貝だ。その数約二万枚。

村野はこの劇場の複雑な空間の形を決めるために油土で大きな模型をつくり、その中に入って気のすむまで直し続けた。

こうして完成した日生劇場は、近代建築、モダニズムに背を向けて、自分の信念に基づいて練り上げた、村野の渾身の力作となった。

戦後急成長を遂げた日本生命の弘世《ひろせ》現《げん》社長は、中興の祖と言われているが、ストックホルム市庁舎を気に入って繰り返し見に行くほど建築に関心をもっていた。弘世が創業七〇周年記念事業として芸術文化発展のために一肌脱いだのが社屋の中に劇場を入れたこのビルである。（東京都千代田区）

座席を支えるコンクリートのアーチと、メインケーブルから降りる引っぱり材がバランスを保ち、緊張感のある光景を見せてくれる。

22 国立代々木競技場

設計＝丹下健三　一九六四(昭和三九)年

一九六四年の東京オリンピックが決まると、かつてない大きな屋内競技場が必要となった。まず問題になったのが敷地だった。想定された敷地には、当時、米軍の住宅ワシントンハイツがあり、その移転交渉のため、大幅に工期が圧迫された。

設計者には丹下健三が指名された。戦後の復興期、各地に体育館、多目的ホールなどの大空間が求められ、丹下はコンクリート・シェルという新しい技術で各地に無柱の大空間をつくってきた。

しかし、ここに求められたのは、水泳を中心とする一五〇〇〇人の観客を収容する大規模な第一体育館と、やや小型のバスケットボールのための第二体育館である。その要求に応えるには、新し

支柱から降りてきたメインケーブルが屋根をめくり上げて、大勢の観客がスムーズに入退場できるよう、大きな出入口がつくられた。

い構造と技術が必要なことが明らかだった。

丹下は、迷うことなく吊り構造を選んだ。それは、世界に前例のない挑戦になると思われた。

第一体育館は、二つの巴型を向き合わせ、その両側に入退場の大きな開口部をつくる。その両端に二本の支柱を立て、その間に架け渡した二本のメインケーブルから観客席を覆う巨大な屋根を吊り下げるという構造だ。

工期も限られ、予算も足りなかった。数々の難問が降り掛かった。

構造エンジニア坪井善勝の協力により、次々に発生する難問を解決したが、パソコンのない時代に、構造計算には手回しの計算機で気の遠くなるような努力が必要だった。

この設計に取りかかったのは一九六一年、丹下

撮影：桐原武志

この屋内競技場は、東京オリンピックの水泳場としてつくられた。巨大な吊り屋根の曲面が力強い空間をつくりだしている。

が四八歳、坪井が五四歳、その下で実際に中心となって働いたのは、建築の神谷宏治が三三歳、構造の川口衞が二九歳だった。

設計から工事まで関係者の不眠不休の努力により、問題は次々に解決したが、予算の不足はいかんともしがたい。正規のルートではらちがあかないと考えた丹下は、大蔵大臣の田中角栄に直談判に及んだ。「日本の名誉のために」と訴えると、角栄はその場で「わかった、足りない部分はなんとかする」と了承した。

完成してみると、一二六メートル離れた二本の支柱の間に架かるメインケーブル、そこから屋根を支える吊り材が観客席を支えるコンクリートのアーチと引き合い、緊張感みなぎる絶妙のバランスを見せている。

メインケーブル（上右）、ケーブルを支える支柱（上左）、座席を支えるコンクリートのアーチ（下右）、第一と第二体育館（下左）。

ダイナミックな構造が、外観に力強いシンボリックな表現を生み出しているのと同時に、内部の空間にも圧倒的な力強さと心地よい空間を生み出すことに成功している。

完成した競技場は、オリンピックで来日したブランデージ会長をはじめ、選手や関係者の賞賛をあびた。水泳のアメリカ選手団の団長は感激のあまり「将来自分の骨を飛び込み台の根元に埋めてくれ」と申し出た。

建築界においても戦後の日本建築の最高傑作として今なお不動の評価を受けている。

現在、活躍している建築家で子どもの頃これを見て感動し、建築家を目指した人が少なくない。

その後の多様な利用のため、優美な飛び込み台は残念ながら撤去されてしまった。（東京都渋谷区）

ステンレスに輝くHPシェルの外観は現代の技術を見事に表現している。コンクリート製のタワーも鋭角的なデザインで調和している。

23 東京カテドラル

設計＝丹下健三　一九六四（昭和三九）年

この頃の丹下健三の働きは正に超人的である。屋内競技場の設計から竣工までが一九六一年から六四年まで、その間、東京カテドラルのコンペが一九六一年十二月から六二年五月、続いて六三年三月まで設計、六四年十二月まで施工。

二つの大建築の設計・施工がほぼ同時に行われた。さらに、香川県立体育館も進行していた。どの一つをとっても大変な難しい設計であり、困難を極めた工事であった。

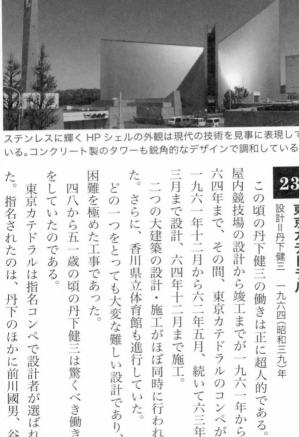

四八から五一歳の頃の丹下健三は驚くべき働きをしていたのである。

東京カテドラルは指名コンペで設計者が選ばれた。指名されたのは、丹下のほかに前川國男、谷

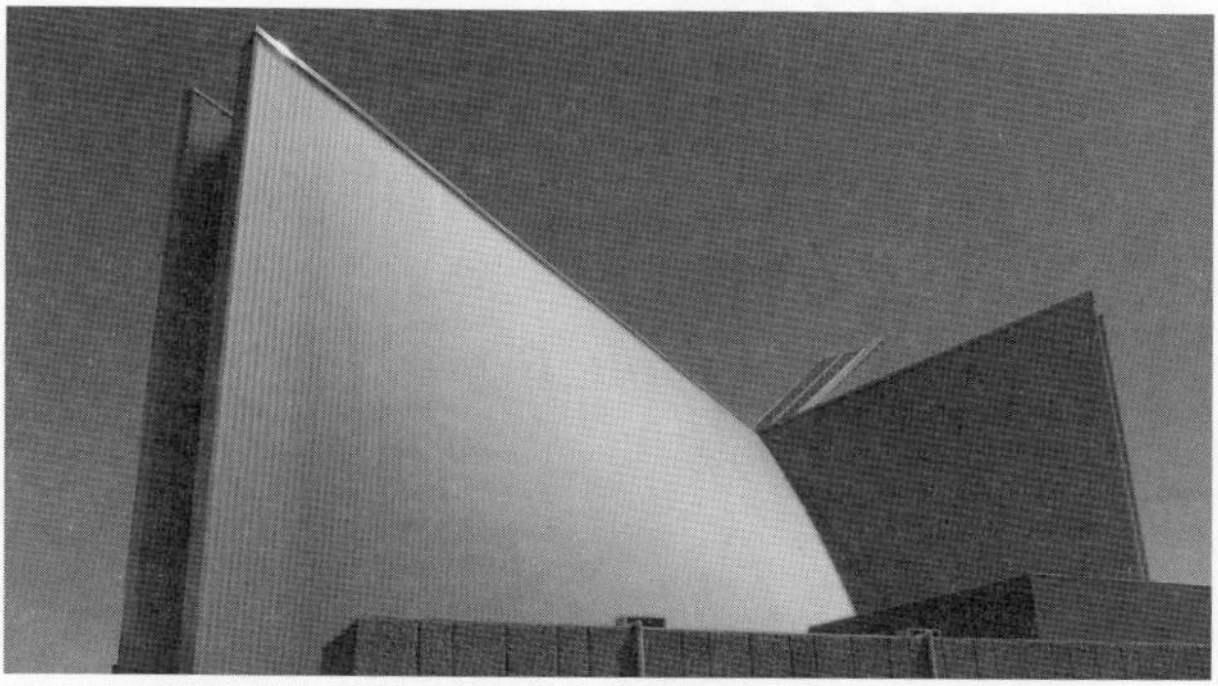

直線的で鋭角的なデザインでありながら、内部に大きな空間を包み込んだ、ふくらみのある壁面である。

口吉郎、興味深いのは、審査委員長が今井兼次だったこと。今井が敬虔なクリスチャンだったためだろう。

丹下の案は、ＨＰシェルという、鉄筋コンクリートの三次元的な曲面を使ったものであった。曲面ではあるが、原理は直線を少しずつずらした単純なもの。これを八面寄せ集め、頂部を十文字に開けてトップライトとする明快なもの。

内部には神秘性、崇高さという、教会に求められた課題を見事に達成していた。広い座席を確保しながら、前方に絞られ、ステンドグラスに向かって収斂してゆく、ゴシックのカテドラルのような空間が生まれていた。現代の最新の技術を使ってゴシック寺院のような空間を生み出した所が評価され、丹下案が選ばれた。

傾斜した巨大な打ち放しコンクリートの壁が、意外にふくよかな大きな空間をつくり出している。正面は大理石のステンドグラス。

内部はコンクリートの打ち放し、外部はステンレススチール。このため、内部は中世ゴシックのような、外部は最新のジェット機のようなシャープな印象になっている。

原理は極めて単純だが、これだけの大きさになると経験のない、未知の問題がいろいろ発生してくる。

まず大きな曲面を打ち放しコンクリートで打設すること。コンクリート板の厚さは十二センチ、外側に二メートルピッチで補強のためのリブが入っている。

さらに、外装材は、アルミ、チタンなどいろいろな素材の検討の末、ステンレスが採用された。これだけの大面積をベコつかずシャープに仕上げるため、細かい凹凸を入れたステンレスが最適と

最高部は十字の形に開いて光線が降りそそいでいる（上右）、背後にはパイプオルガンを設置（下右）、高く鋭く伸びた鐘楼（左）。

判断された。

大聖堂となれば、当然ステンドグラスが期待される。ここでは、東側、祭壇裏のスリットがステンドグラスであるが、ここに入ったのは、大理石を薄くスライスして、半透明の文様がそのままステンドグラスとして採用されたのである。

丹下は二〇〇五年三月二二日、九一歳で死去。葬儀は自分が設計したこの聖堂で行われた。丹下は一〇年ほど前にここに眠ることを決め、自ら洗礼を受け、洗礼名をイエスの父、大工のヨゼフにちなんでヨゼフとしていた。葬儀では弟子を代表して磯崎新《いそざきあらた》が涙ながらに弔辞を読んだ。「丹下健三先生、眼をみひらいて、見守ってください。弟子どもが道をふみはずさずに、先生の遺志を継いでいくことができるかどうかを」。（東京都文京区）

空中に支えられた大きな梁、その上に載った三角屋根の食堂、梁から吊り下げられた5階6階の客室。寄り添うエレベーターと階段。

24 東光園

設計＝菊竹清訓　一九六四（昭和三九）年

山陰鳥取県の皆生《かいけ》温泉の中でホテル東光園はひときわ誇り高く力強く聳えている。

高く支えられた大きな梁、そこから吊り下げられた五階と六階の客室、その上に載った食堂、それらを支えるのは、厳島神社の大鳥居のような束ね柱。上下をつなぐのは外に露出した透明なエレベーターと階段。

めくるめくような魅力的な建築だ。

菊竹清訓《きよのり》（一九二八〜二〇一一年）のデビュー作は文京区音羽の高台に高く聳える自邸スカイハウスだが、京都国際会議場のコンペで残念ながら二等となって実現しなかった計画案もこの床を高々と支えるデザインで、もし実現していたら、菊竹

厳島神社の大鳥居のような、支え合う５本ひと組の柱が空中の梁を力強く支えている。そのため客室のフロアが空中に浮いている。

の最高傑作になると思われるものだった。

菊竹はこの床を高く支えるデザインに異常にこだわってきた。

近代建築は、その誕生のときから建築を大地から切り離すことに情熱を燃やしてきた。そのもっともわかりやすい表現がル・コルビュジエのピロティである。大地を人々に開放するために建築をピロティで支えようという主張が人々の共感を呼んだ。

しかし、菊竹の建築にはさらに空高く支えようとする情熱がたぎっているように見える。

このひたむきな情熱が若者たちを引きつけ、菊竹の事務所には常に意欲的な若者が集まった。建築家として事務所を統率した五八年間に二二七名の所員を迎え、送り出した。彼らの多くは退所後

ロビーにも５本ひと組の柱が立っている。打ち放しコンクリートの柱は力強く、この建築の中にいることを常に意識させてくれる。

建築家として活躍し、その中から内井昭蔵、長谷川逸子、仙田満、富永譲、伊東豊雄、内藤廣など、現代建築をリードする有能な建築家たちが続々と誕生した。菊竹ほど多くの建築家を育てた建築家は他にいない。

しかも、不思議なことにその誰もがそれぞれに個性的で、誰一人菊竹と似た建築をつくらない。

なぜそんなに多くの個性的な建築家を育てることができたのか。理由は明快だ。菊竹は入所した新人をその日から一人前の建築家として扱い、本格的な仕事を要求した。持っている力の何倍もの力を要求されたから、若い所員は死にもの狂いで勉強し、努力したのだ。

もちろん、ただ厳しいだけでは、だれも寄り付かない。菊竹の桁外れの情熱、想像力、エネルギー

屋上の食堂は見晴らしがよくシェル構造の屋根は軽快（上右・左）。１階ロビーの大きな窓（下右）。４階は吹き抜けの庭園（下左）。

の塊のような熱気に巻き込まれ、誰でも猛烈なスピードで走り出してしまうのだ。

その猛烈な二〜三年の試練に耐えた者は独立してからどんな困難にも耐えられる力がつく。

これがいわゆる「菊竹学校」である。

菊竹は典型的な早稲田大学出身の建築家であるが、その事務所に集まった若者は、東大、東工大をはじめ、世界中の大学の出身者であった。

現在、東光園は、客室、食堂など、この本館の横に接続したやはり菊竹設計の低層の建築が主に使われているが、本館の中も自由に使ったり見ることができる。

建築としては、もっとも菊竹らしい、この時代を代表する作品として興味深く、菊竹建築の醍醐味を十分に味わうことができる。

（鳥取県米子市）

筋向かいの県庁舎は、木造の表情をもった鉄筋コンクリート造だが、文化会館は、人のスケールをもった木造のかまえである。

25 香川県文化会館

設計＝大江宏　一九六五(昭和四〇)年

「能」をはじめとする伝統芸能を発表できる舞台がほしいという、当時の金子正則香川県知事からの依頼によって、この文化会館がつくられた。

敷地は丹下健三の香川県庁舎（六六頁）の斜め向かいである。丹下と大江宏（一九一三～一九八九年）、二人は、ともに東京帝国大学の建築科で同級生だったばかりか、卒業時にともに「辰野賞」を受賞したライバルでもあった。大江は、当然、目の前の丹下の県庁舎を意識せざるを得ない。

丹下の香川県庁舎（一九五八年）ができて、華やかな伝統論争がおき、丹下は縄文的な力強い造形に転換して倉敷市庁舎（一九六〇年）をつくり、さらに東京オリンピックのために代々木の屋内競技

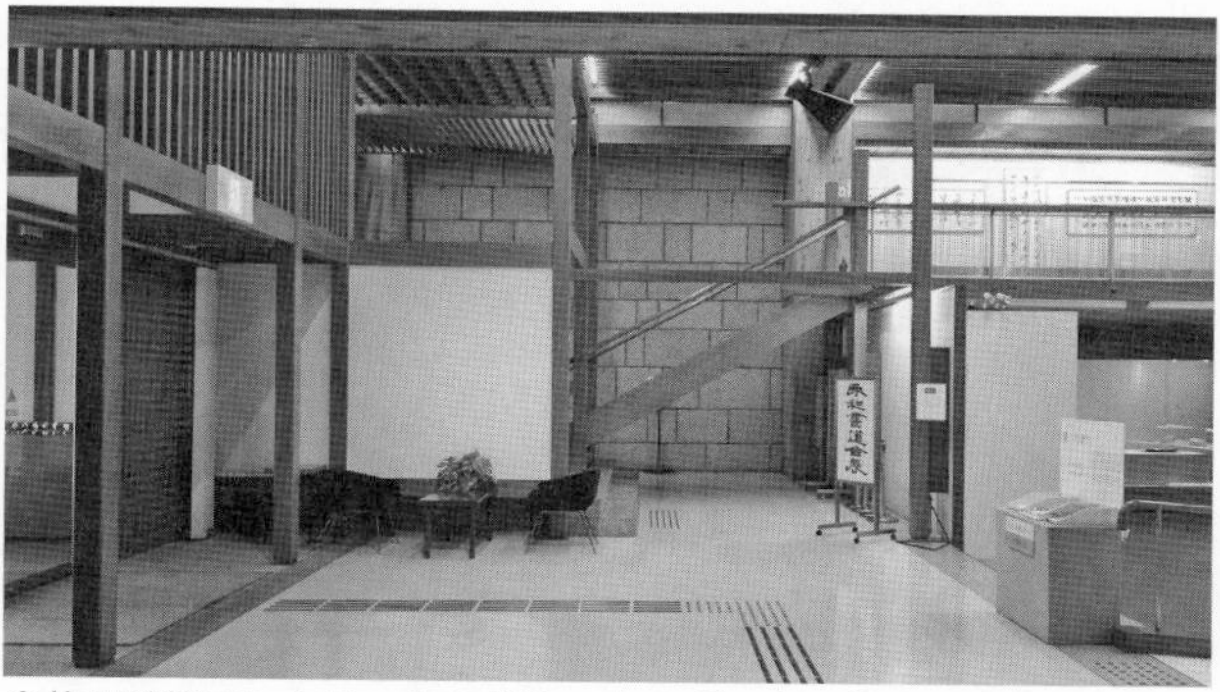

全体は鉄筋コンクリートの構造であるが、人に接する内部の造作は徹底して木造でまとめられている。

場（一九六四年）をつくったその翌年のことであった。つまり、県庁舎の七年後にこれができた。

この作品を『新建築』に発表するに際して、大江は「混在併存」という一文を添えた。丹下が水素と酸素が化合して水になるように、近代建築と日本の伝統建築は化合して日本の近代建築が生まれると考えたのに対し、大江はコンクリートと木造は寄り添うことはあっても、化合することはないと主張したのである。

つまり、県庁舎は鉄筋コンクリート造でありながら、あたかも木造のような造形を追求していたが、文化会館は、コンクリートはコンクリート、木造は木造と別の役割を担い、コンクリートは構造を、木造はあくまでも人のスケールで人に寄り添うように使われている。

ホールの内装は、公共建築では例のない、和室のような窓、壁、天井になっている。不思議なことにまったく古さを感じさせない。

県庁舎があくまでも、「民衆」「群衆」として市民を捉えていたのに対して、ここでは、市民は一人一人の「人」として扱われている。

県庁舎と文化会館のある高松市は、丹下と大江という古くからの友人でありライバルという、宿命の二人が対決した巌流島だったのである。

県庁舎の大会議室もよく保存され、当初の面影をとどめているが、当時の刻印がはっきりと残されている。つまり古臭い。ところが、文化会館のホールには、まったく時代を感じさせない「新しさ」がある。木を使った和風の内装が、時代を超えた新鮮な輝きを放っているのだ。

大江は、法政大学の市ヶ谷の校舎で、典型的なモダニズムから出発しながらも、日本の現実を直視した建築はいかにあるべきか試行錯誤を重ねて

正面入口とエントランスホールの木造の構え（上右・左）、４階談話室の炉を囲む座席（下右）、３階芸能ホールの舞台天井（下左）。

いた。大江は近代建築をベースにしながらも、神社や能楽堂など木造を手がけ、日本の近代建築はいかにあるべきか思考を重ねていた。

大江は建築界の中で孤立していた。モダニズムから離れ、和風、イスラム、ロマネスクなどいろんな様式を自由に取捨選択する手法はなかなか理解されなかった。しかし、文化会館とともに発表された「混在併存」の主張は静かではあったが、共感を呼んだ。とくに、若い建築家から歓迎され、丹下イズムの桎梏《しっこく》を超えるポストモダンの引き金になった。「混在併存」は、より日本の現実に寄り添った問題提起だったのかもしれない。

金子知事が残した高松市の施設は県庁舎、体育館、図書館などがあるが、建設当時のまま使われているのは、文化会館だけである。（香川県高松市）

ピラミッドを逆さまにして大地に突き刺した建築は、大学セミナーハウスの壮大な構想を形にして見せた絶妙のシンボルであった。

26 大学セミナーハウス

設計＝吉阪隆正　一九六五（昭和四〇）年

世界の近代建築の歴史の中で、飛び抜けて異質な建築だ。

吉阪隆正は戦後になってル・コルビュジエに弟子入りした直系の愛弟子である。

吉阪が帰国直後に手がけた「自邸」はル・コルビュジエの教えそのままの柱・梁を素直に表現した建築であり、来日したル・コルビュジエが吉阪自邸を見て、東京にはこれ以外に見るべきものはない、というほど師の教えそのままの作品であり、師に愛されていた。

しかし、吉阪は一作ごとに変身を繰り返し、独自の哲学を開花させ、ついにアテネ・フランセ、そして、大学セミナーハウスの大作に到達する。

起伏の激しい敷地に従って、２人用個室のユニットが100棟配置された。地面の凹凸をそのままに、杭で床を支えている。

吉阪は大久保の自宅の敷地にプレハブ小屋の研究室を建て、学生やスタッフが自由に出入りした。そこは、実際の建築設計と同時に数多くのコンペに挑戦する道場であった。

多くのスタッフが入門し、出て行った。しかし、初めから終わりまで、動き回る吉阪に代わってここを率いたのは大竹十一という寡黙な男だった。吉阪隆正設計といっても、実際には大竹をはじめとするスタッフの共同作業から生み出されたものであった。

そこで働いたスタッフは三〇年の間に四五人に達する。それを引き継いだ「象設計集団」は最も密度の濃い吉阪教徒であり、彼らの手からは進修館（一六六頁）、名護市庁舎（一七四頁）など、多くの傑作が生まれている。

敷地の高低差に沿って並んだ個室のユニット。1ユニット2人用。10戸のユニットを群とし、当初7群がつくられた。

大学セミナーハウスは、東京女子大学の事務局長だった飯田宗一郎という一個人の構想から始まった夢のような話である。安保闘争が大学を混乱に陥れていたとき、若者は大学の枠を超えて、自然の中で起居をともにして語り合うことから育ってゆくと考えた。

津田塾、東京大学、早稲田大学をはじめ、東京の主要な大学の学長を説き伏せ、財界人の協力を求め、八王子郊外に七四〇〇〇平方メートルの土地を入手して、そこに逆ピラミッドの本館のほか、セミナー室、講堂兼体育館、図書館、宿泊用のユニットハウス群をつくり上げてしまった。

その運営は国立、公立、私立の区別なく、大学連合組織の共同運営とした。その最も重要な活動が「大学共同セミナー」であった。それは

来館者を見つめる本館の目玉（上右）、中央セミナー室（上左）、松下幸之助の寄付でできた松下館は教師用の宿泊施設（下右・左）。

一九六五年の開館以来二〇〇三年まで三八年間続けられた、全国の学生が自由に参加できる合宿セミナーであった。

国でも都でもなく、民間人の自発的な意志で、一人ずつ賛同者、寄付金を集めて実現した。

当初、ゼネコンに設計も依頼したが、できた案を見た飯田は自分のビジョンが生かされていないとし、東大と早稲田の総長に相談したところ、東大の茅誠司総長からは丹下健三を、早稲田の大濱信泉総長からは吉阪隆正を推薦された。そこで、この際、私学の協力も欲しいという理由で吉阪を選んだという。

吉阪は飯田の夢を表現するシンボルはどうすべきか、もっとも苦心したところだと書き残している。

（東京都八王子市）

ボックス状の大梁が突き出している。正面の壁から突き出している断面は、エントランスの庇になっている。

27 アートプラザ（旧大分県立大分図書館）

設計＝磯崎新　一九六六（昭和四一）年

磯崎新《いそざきあらた》（一九三一年〜）は大分市に生まれた。父操次は実業家であったが、同時に俳人（藻二）として大分県の俳句革新運動の指導者であった。操次の廻りには、芸術文化を愛好する人々が集まっており、文化を支援する旦那衆を自任していた。

操次は磯崎が大学二年生のときに亡くなってしまうが、岩田正をはじめとする仲間たちが、まだ学生だった磯崎を引き立て、次々に仕事を斡旋した。大分県医師会館、N邸、岩田学園、県立大分図書館等、磯崎の初期の作品はことごとく大分の旦那衆からの指名であった。これらの作品を通して、磯崎は自分の作風を確立し、数々の賞を受賞し、世界にアピールすることができた。

切断された梁や通気口が道路に向かって口を開いている。それは、この建築が未完成であることをアピールしているかのようである。

現在アートプラザと命名されているこの建築は当初は大分県立大分図書館としてつくられた。まだ予算のめどが立たないうちに設計を始めたため、後に拡張できるシステムを考案して、「プロセスプランニング論」という論文とともに発表された。そのため、デザインは途中で切断された大きなボックス梁が空中に突き出し、この建築デザインの特徴となっている。

当時、磯崎は東大の丹下研究室に所属していた。丹下健三の思想と技術を徹底的に叩き込まれていたが、磯崎は、それを乗り越えようとしていた。医師会館も図書館も丹下を感じさせない。

さらに、世話になった旦那衆のお気に召すようなデザインでもない。旦那衆は磯崎の建築も理論も理解できなかったかもしれないが、だれも異論

2階60'Sホール。メインのエントランスに続くアートプラザの中心をなす部屋である。中央をブリッジが横切っている。

をさし挟むものはなく、喜んで磯崎の個性的な設計を受け入れた。大分の旦那衆は懐が深かった。

それから二四年たった一九九〇年、こんどは、図書館の面積が足りなくなり、近くに約五倍の面積をもった新たな図書館が計画された。これも磯崎が指名されて設計した。すると、いままでの図書館が不要となり取り壊しの計画が浮上した。

しかし、こんどは県内の建築家、市民が保存に立ち上がった。貴重な文化財として保存しようという機運が高まり、ついに元県立図書館は市が買い取り、市民の芸術活動の場として保存再生することになった。さらに磯崎から自身の建築の模型をはじめとする資料一切が提供されることになり、一、二階を市民ギャラリーに、三階を磯崎新建築展示室とすることになった（一九九八年）。

60'S ホールのブリッジ（右上）、２階アートホール（右下）、磯崎新建築展示室の寄贈された蔵書と木製の大型模型の展示（左上・下）。

県立図書館は、三二年にして、市のアートプラザとして蘇ったのである。インテリアの魅力は多少失われたが、外観はほぼ完全に保存された。

近代建築で、こんなに手厚いパトロンに恵まれた建築家は他にいない。なにしろ、県知事も市長もこの旦那衆の仲間内なので、磯崎は学生時代に帰郷のたびに市長に挨拶に行き、東京の近況を話した。たまたま集まっていた旦那衆の視野の中に天才的な若者が現れ、旦那衆がこの若い才能に賭けた。それが大きく開花したというわけだ。

磯崎は、後年、設計コンペや、くまもとアートポリスなど、若い建築家に設計の機会を与える仕事を進んで引き受けているが、それは、自身の恵まれた経験を少しでも次世代に引き継ぎたいという思いのために違いない。

（大分県大分市）

全面にアルキャストを巡らせた外観。アルミニウムという近代的な素材を使って、ソフトな感触と強固な耐久性を実現してみせた。

28 目黒区総合庁舎（旧千代田生命保険本社）

設計＝村野藤吾　一九六六（昭和四一）年

近代建築は、産業革命の産物である鉄筋コンクリート、鉄、ガラスを主な素材として誕生し、その結果、画期的なデザインが生み出された。しかし、これらの素材は高温多湿のうえに雨の多い日本の風土には必ずしもふさわしいとは思えなかった。雨漏りをはじめ、打ち放しコンクリートの劣化など、建築家たちは多くの困難な問題と悪戦苦闘を繰り返していた。

解決方法としては、デザインの工夫、ディテールの工夫などさまざまな努力がなされたが、やはり基本的な素材の再検討が欠かせなかった。コンクリートの外側にタイル、石、鉄、アルミを貼るなどの試みが繰り返された。

ドラマチックな玄関庇は、優美な曲線により、優しく迎え入れる気持ちを表現している。モダニズムの建築にはまず見られない。

前川國男が「打ち込みタイル」に到達し、繰り返し工夫を重ねてついに洗練した技法として完成させたのは典型的な例だ。

これに対し、村野藤吾は一作ごとに新しい素材、技法を試みた。この目黒区総合庁舎の三年前に完成した日生劇場（九六頁）では全面的に石を貼って、近代建築としてはいかがなものかと世の批判を浴びたのち、ここ目黒では、全面にアルミニウムの鋳物（アルキャスト）を採用した。当時、アルミニウムがかなり出回ってきたとはいえ、アルミを鋳物として使うのは初めてであった。それも、この巨大なビルの外壁をすべてこれで覆うという決断はあまりにも大胆で、またまた世間を驚かせた。

たしかに五〇年後、この外装は大きな問題を起こすことなく見事に役目を果たしている。多くの

玄関ホール、区役所にしては豪華すぎるが、元は千代田生命保険の本社ビルだった。保険会社の経済成長期の勢いを見せてくれる。

建築が三〇年、五〇年で改築されているのに対し、このビルは、当初千代田生命保険の本社ビルとして建設され、のち、目黒区総合庁舎に転用されて、大きな変更もなく、なお何事もなく使用に供されているのを見ると、さすがに村野の見通し、決断力には感心させられる。

村野は、一九一八年早稲田大学卒業後、大阪に大きな事務所を構えていた渡辺節の事務所に入り、そこで徹底的に近代以前の建築技法を叩き込まれた。そのため、村野は、近代建築全盛期に入っても、百パーセント近代建築に染まることなく、距離を保ちながら、独特の建築をつくり続けた。

戦後の近代建築全盛期に前川國男、丹下健三らが日本を代表するモダニズムの建築家として華々しく活躍する裏で、必ず、村野藤吾が問題作を発

中庭の池、和室、優雅な階段、村野の得意とするデザインが惜しみなく次々に展開して、建築を味わう楽しさを満足させてくれる。

表し、話題を提供してきた。それが、日本の近代建築を豊かに彩ってきたのは間違いない。

建築評論家の長谷川堯《たかし》が全盛期の丹下健三を神殿建築と痛烈に批判するとともに、村野藤吾のヒューマンな姿勢を高く評価し、その建築を紹介し続けたのは、まだ記憶に新しい。

日生劇場と目黒区総合庁舎は、その村野のピークを飾る代表作である。保険会社が手放し、公共建築となったため、見学が可能となった。

区役所としては異常に贅沢な玄関ホールは、当時最盛期の保険会社の力を留めて興味深いが、その奥の階段は、階段の名手村野の階段デザインの傑作の一つである。さらに、和室、茶室、池など、村野ならではの独特の洗練されたデザインを味わうことができる。

（東京都目黒区）

2棟のオフィスをずらして配置し、エレベーターとトイレを収めた円筒形のタワーをコーナーに配置した非常にわかりやすい構成。

29 パレスサイドビル

設計＝日建設計（林昌二）　一九六六（昭和四一）年

この敷地には、アントニン・レーモンドが戦後再来日して、最初に手がけたリーダーズ・ダイジェストの美しい東京支社が建っていた。

しかし、占領状態が終わって、ここに大きなビルを建てなければならなくなったとき、大手設計事務所日建設計では若手のホープ林昌二（一九二八～二〇一一年）が指名され、存分に手腕を発揮した。

ここには、毎日新聞社の本社と印刷工場、商店街という異質な要素を入れなければならなかった。しかも、敷地は皇居に面したお壕端である。

できたビルは、二棟のオフィスをずらし、コーナーにエレベーターやトイレを集めた円筒を挟んだ極めて異色のオフィスビルだった。地下には新

アルミの鋳物でできた日除けとその先端に取り付けた雨樋。樋は各階で分離し、漏斗で受けて雨水の流れを可視化している。

聞社の輪転機が並んだ大きな印刷工場を入れ、一階と地下一階にはコンコースの両側に商店街を入れ、二つの階を結ぶ階段は細い鉄線を編んだ軽やかな手摺で支持し、広々とした屋上には機械を置かず、広場として一般に開放している。大きなガラス窓はサッシュがなく、日除けはアルミの鋳物、雨樋は一層ごとに切り離し、開放して雨水の落下が眼に見えるようにした。

すべての部分が前例にとらわれずに、経済性と合理性に基づいて解決され、しかも明瞭に可視化された、わかりやすいビルになっている。

林昌二という個性豊かな建築家が、組織事務所の技術力を駆使して成し遂げたオフィスビルの傑作である。

戦後の近代建築を牽引してきた個性豊かな建築

1 階と地下の商店街をつなぐ階段は、細い鉄線を組み合わせた軽快な網状の構造でアルミの段板を軽やかに支持している。

家の設計事務所のほかに、組織事務所、ゼネコン設計部、大学教授といった建築家の生き方がある。

社会が複雑になり、大規模化し、高度な技術が要求されるようになると、次第に組織内部に構造、設備、積算、植栽などの多様な技術者を抱えた組織事務所の力が発揮される場面が多くなってきた。

その筆頭が日建設計だ。

通常組織事務所はリスクを恐れて無難な解決に落ち着く傾向にあるが、林はあえて冒険を試みて成功させている。しかも建築雑誌等で挑戦的な発言をして社会に問題提起をしてきた。

しかし、大きな力を背景にした発言のため、しばしば話題になり、問題を引き起こした。もっとも印象に残るのが、巨大建築論争だ。新宿西口の高層ビル群の是非を巡る論争で、巨大建築に疑問

雨樋を支持する構造（上右）、屋上の機械は隠され、屋上は広場として公開されている（上左）。玄関庇の軽快な構造（下右・左）。

を投げかけた明治大学の神代《こうじろ》雄一郎に対して、林は高層ビルを擁護して「その社会が建築を創る」と言い切った。

林の存在は、どちらかというと萎縮していた組織事務所の建築家たちを励まし、次々に優れた建築家が出てくる地ならしをした。

その後の組織事務所の圧倒的な技術力を背景とした優れた建築は否定しようもない。その傾向は今後もますます強まっていくに違いない。

林が手がけた建築には、銀座四丁目の三愛ドリームセンター、ポーラ五反田ビル、文京シビックセンターなど優れた作品がある。

林雅子は女性建築家の草分け的な存在だが、林の妻として、また仲の良い夫婦の建築家としてもよく知られていた。

（東京都千代田区）

打ち放しコンクリートをやめ、あらかじめセットしたタイルにコンクリートを流し込む、打ち込みタイルが初めて全面的に使われた。

30 埼玉会館

設計＝前川國男　一九六六(昭和四一)年

中田準一は、一九六五年から四八年間、前川建築設計事務所に勤務した。この間、埼玉会館をはじめとして熊本県立美術館（一五八頁）、国立国会図書館新館など主要な建築を担当した。

中田が入所して最初に与えられた仕事が埼玉会館のエスプラナードという広場とホワイエのタイルの割り付けであった。その面積は四〇〇〇平方メートル、一枚のタイルは一〇センチ×二〇センチなので、合計二〇万枚の濃淡二種類のタイルの組み合わせになる。

中田は来る日も来る日もトレーシングペーパーにタイルの割り付けを描き続けた。しかし、一か月もしないうちに考えられるあらゆるバリエー

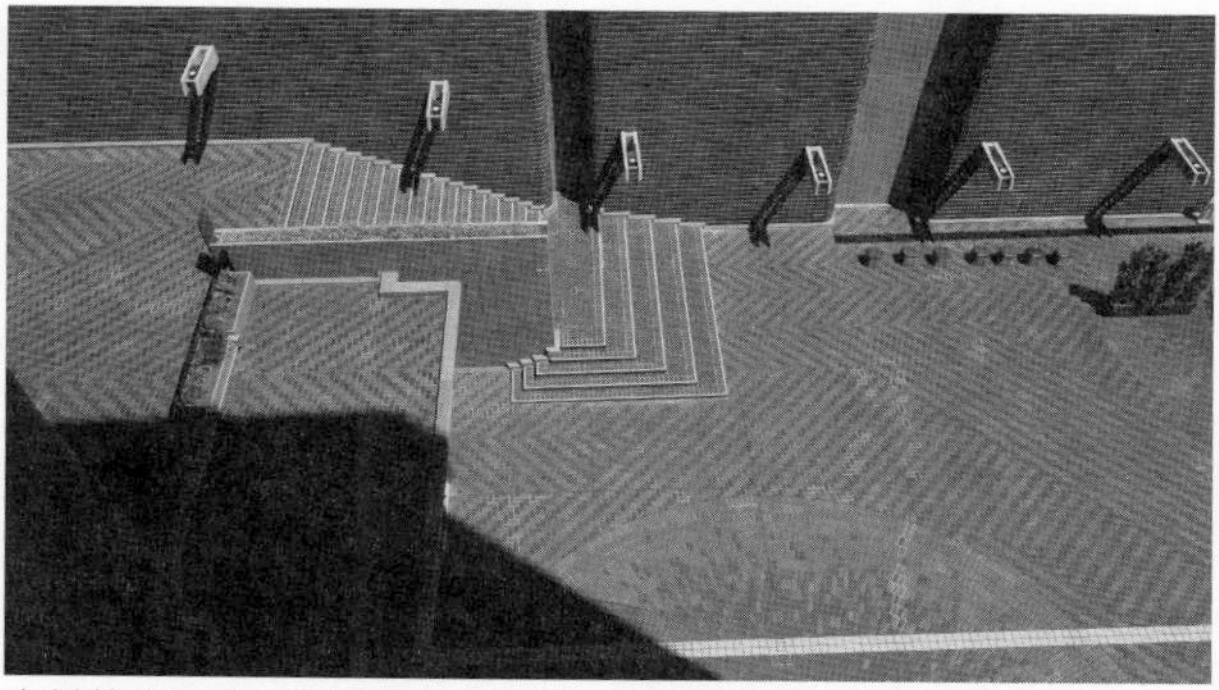

高低差のあるエスプラナードは、２色のタイルを組み合わせた、複雑なパターンで全面的に敷き詰められている。

ションは出尽くしてしまった。それでも、さらに悪戦苦闘を続け、ついに前川の了承を得られたのは一年後だった。

一人の所員が一年かけて検討したあげくにできた床のパターン。前川のこのエスプラナードに掛けた想いの強さが想像できる。

確かにこの建築に近づいても、大ホールの塊と小ホールや会議室の塊の間を縫うように広場が広がるが、埼玉会館という建築が何者なのか、なかなかわかりにくい。建築の中心が見えないのだ。

もちろん、大ホールはこの建築の主役であり、木質の素晴らしい音響効果をもったコンサートホールとして多くの人に愛されている。

しかし、そのロビーをはじめホールの半分ほどが地下に埋められているため、外からはその存在

大ホールは壁から天井へなめらかに続く木製の優しい内装。壁面を這い上がるような照明、天井にランダムに点在する照明が美しい。

がよくわからない。

つまり埼玉会館では、じつはエスプラナードが主役で、建築はむしろ控えめなのである。

前川がこの部分を中庭とか広場と呼ばずにあえて「エスプラナード」と名付けたのは、通り抜ける道でもあるが、ちょっと休憩し、あるいは、しばし佇む場所になってほしいという強い思いが込められているからだ。

埼玉会館を写真に撮ろうとしても、一枚で全体を表現することができない。

丹下はつねに写真写りのよい建築をつくろうと努力した。そのために数多くの模型をつくり、徹底的に美しい形を追求した。これに対し、前川は、居心地のよい居場所をつくるために努力した。そのため、平面図を徹底的に検討し、設計の過程で

エスプラナードは上の広場へと続いている（上右）、上の広場（上左）、コーナーの曲面タイル（下右）、広場の下に広がるロビー（下左）。

立面図を描くことすら禁じた。

埼玉会館では、エスプラナードを歩いて行くとともに展開してゆくシーンを楽しめるように最大限の努力が払われているのである。それは、少し前の作品、世田谷区役所の前庭からピロティ、広場へ展開する場面とよく似ている。

前川は大上段に振りかぶって都市を論じることはなかったが、このように、自分が設計することになった建築に都市への接続、開放を強く意識していることが多い。

新宿紀伊國屋書店は民間のビルなのに道が裏へ抜けている。東京文化会館（八〇頁）では、つねに人々がホールで待ち合わせたり、通り抜けてゆく。都市を豊かにしているこれらのちょっとした工夫に前川の真骨頂が見える。（埼玉県さいたま市）

門というものは、拒絶する構えになるのが当然だが、ここでの塀から門へ流れるように連続する構成は、客を招くような優しさがある。

31 猪股邸

設計＝吉田五十八　一九六七(昭和四二)年

吉田五十八《いそや》の新興数寄屋《すきや》は住宅から始められたが、次第に評判となり、戦中・戦後は料亭・旅館へと広がり、芥川賞の審査が行われる築地の料亭「新喜楽」、岩波書店の創業者岩波茂雄の熱海別荘「惜櫟荘《せきれきそう》」など、話題の建築もきりがない。

この猪股邸を手がけるころには、コンクリート造の大和文華館や住宅でも大磯の吉田茂邸など、骨太な建築へと、そのデザインを転換していた。

猪股邸はその中でも新興数寄屋による住宅の面影をよく留めており、七三歳に達した巨匠の手慣れた住宅建築である。しかも、普通の住宅としては最後、木製のサッシュもこれが最後である。

外観は和風だが、内部はほとんどの部屋が洋間

玄関は、何もないごく自然な入口になっている。引き戸を開けると、踏み込みの向こうに中庭の緑、その向こうに茶の間が見える。

なのは、初期の吉屋信子邸などから変わらない一貫した手法だ。門、すっきりとした玄関まわり、平滑な天井、居間の全開できる開口部の工夫など、吉田建築の特徴がよく発揮されている。

川合玉堂の住宅とアトリエは一九三六年だが、もっと明るくと強く要求され、困ったすえに雨戸、ガラス戸、障子を全部壁の中に引き込んだところ喜ばれて、それ以降この方式は定着したという。

初期の数寄屋では、障子の縦桟をなくし、そのため細い横桟はホワイトブロンズに木を添えたり、長押《なげし》を吊る部材をなくすために長押に鉄材を埋め込んだりと見えない工夫をこらしていた。

しかし、ここでは、そんな特別新規な試みはなく、張りつめたような緊張感はないが、落ち着いた大人の雰囲気が漂っている。

居間の庭に向いた窓は、４枚の幅広の障子、ガラス戸、雨戸を全部壁の中に引き込むと、部屋いっぱいに庭が広がる得意の大技だ。

近代日本の建築家で、近代建築と日本の伝統建築を融合しようとした人は少なくない。丹下健三は、鉄筋コンクリートのビルに日本建築の縁や庇を融合させようとしたし、大江宏は近代建築の中に和風の木造を混在併存させようとした。二人に共通しているのは、近代建築を基本として、そこに和風建築を取り込もうとしたことだ。

しかし、吉田はその関係が反対だ。和風建築を基本とし、それを近代化しようとしたのだ。

このころ吉田は、大和文華館、大阪ロイヤルホテル、成田山新勝寺本堂など、大規模なコンクリート建築の設計を手がけ、時の首相吉田茂、岸信介の自邸、さらに外務省飯倉公館、そして最後に、ワシントンの在米日本国大使公邸を依頼され、設計までしたが、完成を見ずに亡くなった。

居間は洋間だが、床の間のような大きな棚（上左）、奥は茶の間と中庭が接する（上右）、玄関の単純な引き戸と踏み込み（下左・右）。

吉屋信子邸では、予算の三倍もかかったにもかかわらず、その後も四回も設計を依頼されている。吉田茂も同様に予算が大幅に超過しても意に介さず繰り返し依頼している。

吉田の死後一九八〇年に出版された作品集には、吉田が手がけた建築を年代順に並べて記載しているが、一九三六年の吉屋信子邸は三九番目、山口蓬春の画室（四六頁）は一一七番目、猪股邸は一八〇番目、最後の在米日本国大使公邸は二一一番目となっている。

これほど施主からの信頼が厚く、世間的な評価も高かったにもかかわらず、建築界ではつねに異端者のように見られていた。なぜなら吉田の建築はモダニズムではないから、建築のアカデミズムでは理解されなかった。（東京都世田谷区）

一九七〇年三月から六か月間、大阪で万国博覧会が開かれ、七七か国、三二団体、合計一一六のパビリオンが建設された。丹下健三による全体構想のもと、当時のスター建築家たちが数多くのパビリオンの設計に携わった。博覧会という制約の少ない所で建築家たちは、思う存分に腕を競った。彼らにとって、万博は未来都市の実験場であった。特に黒川紀章、菊竹清訓らメタボリズムグループの活躍は目覚ましかった。

しかし、これが終わると、まるで気が抜けたように力強い建築はかげをひそめ、代わりに若い建築家たちの手でポストモダンと言われる百花繚乱の建築が街を彩り、世紀末に向かって多様化が進む。

一九八〇年代に入ると、本格的な大胆な建築が次々に登場し、近代建築を乗り越えようとするかの

第三章
近代建築を超えて
——一九七〇年代以降の建築

ような意欲的な作品が眼に入ってくる。

特にコンペによりかつてない意欲的な建築が数多く登場する。名護市庁舎、つくばセンタービル、湘南台文化センター、京都駅、せんだいメディアテーク、金沢21世紀美術館などの建築がすべてプロポーザルかコンペによって選ばれた。

いずれもコンペでなければ決して実現しなかったと思われる力作である。これらを見ていると、日本の近代建築の可能性と力強さに改めて驚かされる。

同時に、前川國男、白井晟一、槇文彦など、施主からの強い信頼感に支えられて、安定した力強い作品を生み出している建築家が活躍していることも忘れてはならない。

長谷川逸子、妹島和世など、女性建築家の活躍も目覚ましい。今後大きな力になることは間違いない。

旧山手通りにできたA、B棟。6店舗、2オフィス、6住居。それは、依頼されたものをはるかに超える大きな構想の第1期だった。

32 ヒルサイドテラス

設計＝槇文彦　一九六九（昭和四四）〜一九九八（平成一〇）年

ヒルサイドテラスの第一期ができたのが、一九六九年大阪万博の前年。安保の嵐が収まって安定した経済成長の大波が押し寄せてくる直前だった。その後、一九九二年の第六期まで二三年間つくり続け、さらにウエストが九八年にできた。

第一期ができて注目を集めると、これが引き金になって代官山周辺の環境は激変した。

朝倉家はもともと米屋から出発して明治時代には大規模な地主となり、大正・昭和初期には代官山・恵比寿・中目黒一帯にアパートを合計一千戸持っていた。

しかし、戦災でそのほとんどを失い、残った旧山手通り沿いの土地に一棟のアパートを建てよう

第2期C棟（1973年）、中庭が居住者の粟津潔のデザインによるペーブメント。まちづくりに居住者が参加するようになった。

と自分と同じ慶応大学出身でアメリカ帰りの若い建築家に相談したのがすべての始まりだった。それが槇文彦（一九二八年〜）であった。オーナーの朝倉誠一郎は槇に出会った瞬間からその人柄を気に入って、何も注文をつけずに全部任せきりだった。

依頼されたのは一棟のアパートであったが、槇は二棟、住居のほか、店舗、オフィスも入る複合建築を提案した。当時の代官山は生け垣の続く静かなまちなみで、一番手前の第一期A棟・B棟ができた時にはあまりにもモダンだったため、二階三階のアパートは一年間入居者がなかった。

しかし、槇の努力もあって、デザイナーや芸術家が入居したり、雑誌に紹介されて、次第におしゃれな住宅として認識され、第二期C棟では入居者でデザイナーの粟津潔が床のデザインに参加する

第３期Ｄ棟（1977年）の外壁はタイル貼りとなり、アプローチの階段は曲線の遊びが多い。左の茂みは保存された猿楽塚の茂み。

など、テナントが積極的にまちづくりに協力し、文化活動も盛んになってきた。

入居している店舗もオーナーの知り合いや伝手《つて》を辿って来た人が多く、店舗を出しても、看板は出さないという槇の強い希望に、みんなが協力して、落ち着いたまちになっている。

オーナーの朝倉不動産も、槇に対する信頼は揺らぐことなく、このあとも全て彼に任せた。槇もその信頼に応えて、このまちを守ることは自分の使命と感じたのだろう、第七期ウエストの中に自分の事務所を移転してしまった。一番奥にはデンマーク大使館があるが、朝倉不動産は、槇の設計を条件に土地を譲渡している。

第一期と第二期の間の駐車場の地下には音楽ホールがあり、一流の演奏者を迎えて演奏会、講

第６期Ｆ棟（上右）、中庭を挟んだＦ棟とＧ棟（下右）、デンマーク大使館はピンクのタイル貼り（上左）、少し離れたウエスト（下左）。

演会などが行われてきた。また、道を隔てた第六期の奥には変化に富んだ展示場や講演会場があり、ここでは美術、音楽、建築などさまざまなイベントが行われ、国際的な文化の発信基地となっている。

一九八二年に槇の発案で始まったＳＤレビューは毎年秋にここで開かれる建築展だが、若手建築家の登龍門としてすっかり定着している。

ヒルサイドテラスは、朝倉不動産が建築家槇とともにつくり続けた典型的なモダニズムの建築群であるが、同時に居心地のよい都市をつくるために献身的な努力を続けたまちづくりの作品でもある。オーナーも入居者もそれを信頼し協力して育ててきたまれに見る優れた都市として国際的にも高く評価されている。

（東京都渋谷区）

33

中銀《なかぎん》カプセルタワービル

設計＝黒川紀章　一九七二(昭和四七)年

直径一メートル三〇センチの丸い窓をもった一四〇個のカプセルが、二本のエレベーター・シャフトに取り付けられている。

黒川紀章（一九三四〜二〇〇七年）は一九六九年、『ホモ・モーベンス』を発行する。この中で黒川は現代の都市は工業都市の時代から情報都市の時代へ急速に変化し、都市のネットワークが飛躍的に拡充し、人は動くことを本質とする「ホモ・モーベンス」となった、その時代にはトレーラーハウスのように動くカプセルが究極の建築として支配的になると論じ、締めくくりとして「カプセル宣言」を書いている。

その第一条に、「カプセルとは、サイボーグ・アーキテクチュアである」「これからの社会をつくり上げていくエリートのほとんどは、多かれ少なかれ改造人間になる」。

第二条に、「カプセルとは、ホモ・モーベ

カプセルは思い思いの方向を向いており、単なるビルではなく、カプセルの１つ１つが独立した箱であることを強調している。

ンスのためのすまいである」「カプセルは建築の土地からの解放であり、動く建築の時代の到来を告げるものである」。

第三条に、「生活単位としてのカプセルは、個人の個性を表現し、カプセルは組織に対する個人の挑戦であり、画一化に対する個性の反逆である」と書いている。

翌一九七〇年の大阪万博に黒川はタカラ・ビューティリオンを建設し、カプセル群による立体的な建築をつくってみせている。

そして、黒川のカプセルに関心をもった不動産業者中銀マンシオンが黒川に設計を依頼して東京銀座八丁目に建てたのがこのビルである。

一つのカプセルは、四×二・五メートル、一〇平方メートルで、ベッド、衣類の収納、事務作業

目の前に高速道路が走る銀座の市街地だが、カプセルは独立しており、密閉された窓のため隣家の音は完全に遮断されて中は静か。

用のデスク、電話、オーディオ装置、バスルームを備えている。

カプセルはすべて滋賀県の工場でつくられ、東名高速道路により四五〇キロメートルを一つずつ銀座まで運ばれ、現場で取り付けられた。

カプセルは合計一四〇個、十一階と十三階の二本のエレベーター・シャフトに取り付けられた。カプセルは簡単なフックで取り付けられており、理論的には取り替え可能とされているが、実際には建設後取り外されたことはない。

一九六〇年に東京で世界デザイン会議があり、そこで日本勢は「メタボリズム」という成長・発展する建築の思想を発表して、丹下に続く日本建築の新勢力として世界の注目を集めた。そのメタボリズムをわかりやすく形にしてみせたのがこの

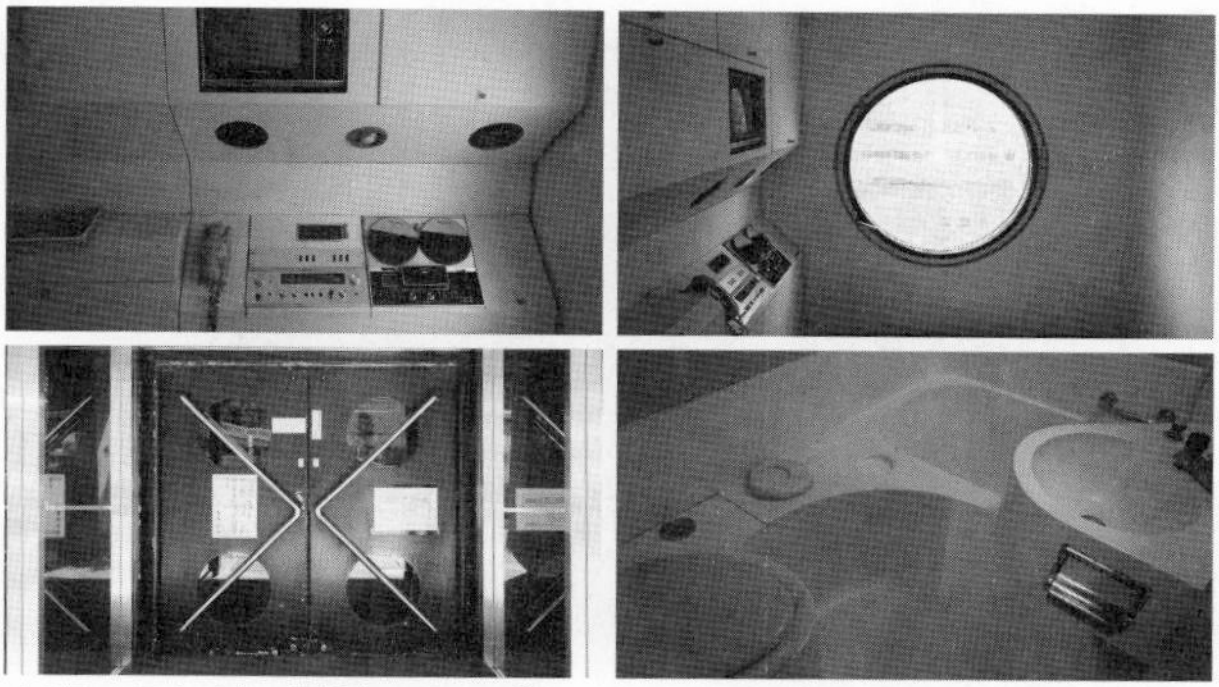

丸窓、テレビ、電話、オーディオセットがある（上右・左）、小さいながらバスルームも（下右）、玄関ドアのＸ型の把手（下左）。

建築であり、いまだに世界の注目を集めている。しかし、残念ながら、黒川の予言のようにカプセル住宅が普及することはなかった。

ところが、二〇二〇年、突如世界を新型コロナウイルスが襲った。人々は出社を諦めて、自宅からオンラインで仕事をし始めた。しかし、住宅は、就寝と憩いの場所であり、仕事の場所ではなかった。そこでカプセルによる個人用の仕事場が注目を集めることになった。時代が黒川に追いついて来たのかもしれない。

このカプセルは黒川が予想したように交換されることはなく、老朽化は否めないが、熱烈に愛好する人々に所有されており、オフィスはもちろん、アトリエ、設計事務所、茶室、週末住居など自由な場所を提供している。

（東京都中央区）

麻布台の大きな交差点に建ち、楕円形のタワーという非常に珍しいデザインのため、圧倒的にシンボリックな建築として聳えている。

34 ノアビル

設計＝白井晟一　一九七四(昭和四九)年

港区麻布台という東京タワーにほど近い、東京の真ん中の大きな交差点に聳え立つ楕円形の黒いビル。じつにシンボリックなタワーだ。これがただの貸しビルというのだから不思議だ。

経済性と合理性を原則とした近代建築とまったく相容れない、じつにユニークな建築である。まず左右対称の正面、しかもその中心に堂々たるアーチのあるエントランスの開口部。モダニズムの建築家が絶対に選ばないデザインだ。

かつて、日本の建築家たちは桂離宮を日本の美意識を代表する建築として賛美していた時代があったし、いまもそう思っている人が少なくない。近代建築の中にその美意識を写し取ろうとする丹

凹凸の無い滑らかな楕円形のタワー。硫化銅の壁面に同化した窓、中ほどを横切る帯状のガラスの窓、そして、煉瓦の台座。

下健三を始めとする人々が活躍していた。

その時、白井晟一は、我々の建築遺産にはそんな弱々しい弥生的なものだけではなく、縄文的な力強い美学もあるではないかと、伊豆韮山の江川太郎左衛門韮山館を紹介しながら「茅山が動いてきたような茫漠たる屋根と大地から生え出た大木の柱群」による「大洞窟にも似る空間は豪宕《ごうとう》なものである」と描写し「友よ、そんな調子でなく、もっと力強い調子で」と語りかけているようだと書いた。

白井の建築には常に胸を張って堂々と進んでいこうとする気力が溢れている。

ノアビルはそんな白井の気持ちが最も ストレートに表現された建築である。

白井は、一九〇五（明治三八）年、京都で生ま

大きなヴォリュームの煉瓦造の台座。細長いアーチ状の玄関の開口部。左下の開口部は駐車場への車の入口。圧倒的な存在感である。

れた。白井の家は代々銅を扱う豪商で、「あかがね御殿」と呼ばれた屋敷に住んでいた。祖父は京都で最初に自動車を購入した男であるが、彼の代で没落、父はほそぼそと銅を売り続けていた。四歳になると、黄檗山《おうばくさん》萬福寺にあずけられ、作法や書の修業を受けた。

しかし、父が四二歳で亡くなると、晟一は姉の嫁ぎ先、東京本郷の日本画家、近藤浩一路の家に預けられた。しかし、近藤の家が関東大震災で焼失、京都に転居した近藤家に従って再び京都に移住。ここで京都高等工芸学校（現京都工芸繊維大学）の図案科に入学。しかし、興味は哲学に向かい、卒業後ドイツ、ハイデルベルク大学に入学。カール・ヤスパースのゼミに通う。この間、ゴシック建築を見て歩いたという。

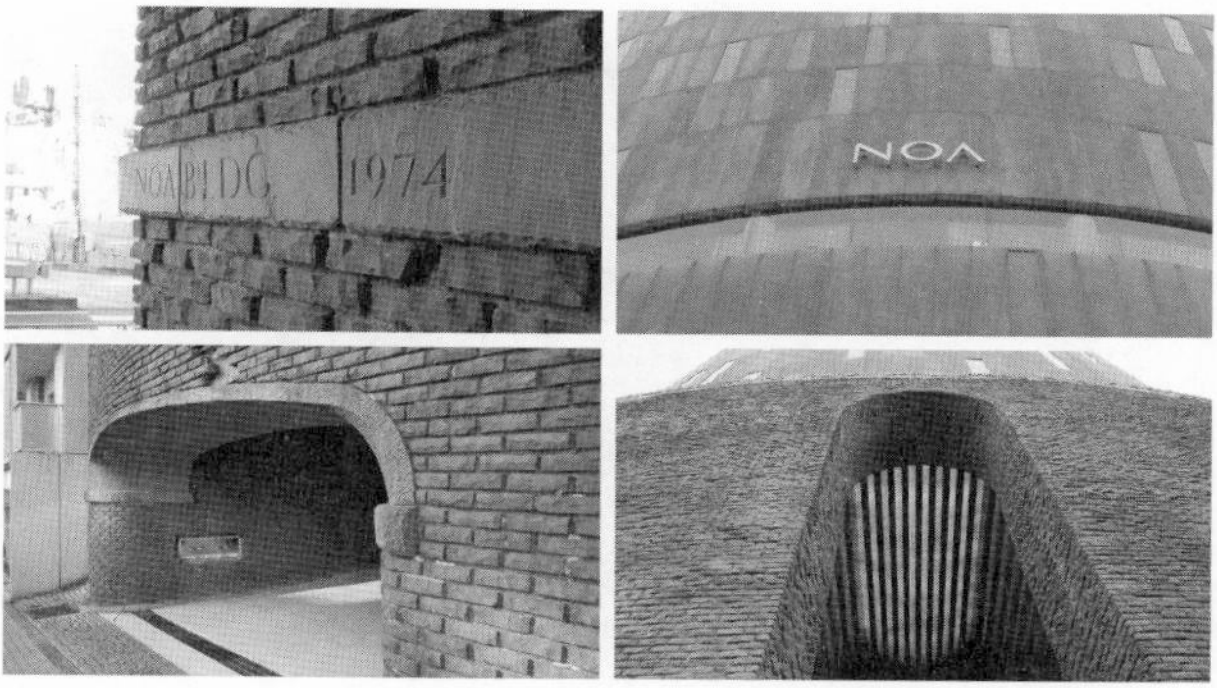

中央ガラス窓の上にビルの名称（上右）、入口アーチの脇に建築年（上左）、入口玄関のアーチ状の開口部（下右）、駐車場入口（下左）。

白井が建築の設計を始めたのは、偶然だった。近藤浩一路の子どもが自由学園に入ったので、学校の近くに家が必要になった。その家の建築を施主に代わって監督しているうちに自分で設計したくなった。それから独学で猛勉強をして設計を習得したという。もちろん、基礎は京都の学校で学習しているので、完全な独学とは言えない。

しかし、体系的な近代建築の教育を受けたわけではないためか、白井の建築には近代建築の常識から見るとまったく理解しがたいところが少なくない。

ところが、その建築は常に骨太で、堂々としており、有無を言わせぬ迫力がある。

ノアビルは「友よ、もっと力強い調子で」と語りかけているのである。

（東京都港区）

2つの立方体の間へ入って行くような玄関アプローチ。一辺12メートルの立方体の開口部は正方形のサッシュで埋め尽くされている。

35 群馬県立近代美術館

設計＝磯崎新　一九七四(昭和四九)年

数千年の歴史の中で、建築家は常に美しい形、つまり、美しい比例を探し続けて来た。それが黄金比である。ギリシャの神殿も、ルネッサンスのパラッツォもル・コルビュジエも目に心地よい黄金比を探し求めて設計を進めた。

我々の身の回りのものを見ても、机、ノート、本、テレビの画面、パソコンとあらゆる物が黄金比でつくられている。

しかし、磯崎新は、建築を始めた当初から円、球、正方形、立方体などの純粋な幾何学的な形に強い関心を持ち、機会があるたびに試みてきた。

群馬県立近代美術館は、正方形による空間つまり立方体による建築の試みである。この建築は全

1つだけ斜めに配置されたブロック山種記念館は、群馬の森公園の入口に向かって歩き出す動物のようにも見えて、ユーモラスだ。

体が一辺十二メートルの立方体を並べた形で構成されている。建築自体が立方体、内部の空間ももちろん立方体である。その結果、外壁のパネル、窓と窓枠など、あらゆる部分が正方形でつくられている。外壁は一辺一・二メートルの正方形のアルミパネルで覆われている。

磯崎にとっては長年心に秘めていたものがついに実現した、という建築なのである。

近代建築は、機能に従って必要な形をつくることを基本的な原則にしてきた。近代の建築家にとってはこれは自明のことであり、だれも疑うことはない。

ところが、磯崎はこの原則を疑う。形は機能にかかわらず、純粋な幾何学的形態でつくりたい。

サイコロやボールのような、幾何学的な建築は、

エントランスに2つ並んだ立方体の1つは玄関のロビーであり、内部の空間も立方体、その窓割もきっちりとした正方形である。

現実には世界中にめったにない。しかし、二百年ほど前、完全な球体の建築を夢想し、スケッチを残した建築家たちがいた。

エチエンヌ・ルイ・ブレーというフランスの建築家は一七八四年、直径一五〇メートルの球体の「ニュートン記念堂」という建築の詳細な図面を残している。

また、クロード・ニコラ・ルドゥーは、一八〇〇年ころ、「モーペルチュイの畑番の家」という完全な球体の住宅の透視図と断面図、平面図を残している。

磯崎は彼らに対して強い関心をもち、彼らがスケッチを描いただけで終わってしまったのに対し、磯崎は現実に建築をつくってしまったというわけである。

2階展示室へ向かう階段（上右）、展示室3、中心の柱、明かりの取り方が独特（上左）、公園を見渡す廊下（下左）、その外観（下右）。

磯崎は丹下健三の教え子であり、一番の弟子である。丹下流の近代建築を叩き込まれ、数々の建築を丹下の下で設計している。しかし、磯崎は素直に師の道を歩もうとはしなかった。代々木の屋内競技場の設計の途中で丹下のもとを離れ、自分の道を歩きはじめる。

丹下の近代建築に疑いをもったのである。そして、師の建築を乗り越える最も強力な手がかりとして、純粋幾何学的形態を選んだのである。

では、純粋幾何学による建築は成功したのか。立方体を並べ、全体が幾何学に支配されているにもかかわらず、なぜか堅苦しくはなく、不思議なユーモアさえたたえている。

作品は当然、ヨーロッパの前衛建築家たちを驚かせ、彼らの羨望の的となった。（群馬県高崎市）

ぐるぐる回り込んでやっと入口が見えてくる。煉瓦タイルの床、打ち込みタイルの壁、手慣れた手法の安定感が漂っている。

36 熊本県立美術館

設計＝前川國男　一九七六（昭和五一）年

一九〇五年生まれの前川國男が七一歳という最晩年に手がけた作品である。

試行錯誤を繰り返し、完成したさまざまな手法を集大成した傑作という評価が高い。

いきなり美術館の玄関が目の前に現れるのではなく、さりげなく内へ内へと導いてゆく。

二色のタイルを混ぜ貼りにした床の舗装、打ち込みタイルの壁面、どれも前川が長年試行錯誤を繰り返してきた手慣れた手法である。

打ち込みタイルの壁面は特に得意の技法だが、ますます完成度を高め、美しい。四種類の色タイルを混ぜ貼りしたものだが、コーナーには濃い色のタイルを集めて引きしめている。

玄関を入ると突然、息をのむような広いロビーの空間が目の前に広がる。広場から連続したタイル貼りの床、格子梁の天井、橙色の壁。

室内では多様な素材の組み合わせが、静かだが豊かな空間をつくりだしている。モダニズムの空間がともすると単調な空間になりがちなところを救っている。

熊本県は美術館建設にあたり、知事直轄の美術館建設準備室をつくり、九年の歳月をかけて準備をし、設計者を探したという。

美術館の敷地は、初めからここに決まっていたのではない。熊本県は熊本城内に二か所、市内に一か所、計三か所の候補地を示し、前川が見て回った結果、ここ熊本城二の丸公園の西端の敷地を選んだという。

完成して四〇年以上経つが、まるでできたばかりのように美しい。

公共建築にありがちな貼り紙や看板が一切目に

熊本城二の丸公園に向かって大きく開いたガラス窓。外の明るさとの対比が、ロビーの落ち着いた透明感を一段と際立たせている。

入らない。むしろ使い込んでツヤを増した美しさが漂っている。非常に気持ちがいい。

管理者たちが誇りを持って美しい建築を維持管理している様子がよく伝わってくる。

前川は、パリのル・コルビュジエのアトリエに入り、二年間パリでの生活を体験している。仕事が終わると、夜は音楽会に通い、オペラを鑑賞し、美食を求めて都市生活を満喫した。若き日にパリで暮らした体験は、前川の心に深く刻まれ、都市の生活とは何かを考えさせたと思われる。

後年、ベルギーの古都、ブルージュに行ったとき、運河のほとりで古い煉瓦の家並みを眺めながら、なんという豊かな都市の空間だろうと感動した逸話が残っている。

前川は、日本の近代建築の先駆者と考えられて

玄関前の広場（上右）、打ち込みタイルの微妙な色合い（上左）、格子梁の天井（下右）、コンサートなどが行えるコーナー（下左）。

いるが、年齢を重ねるに従い、近代よりも中世ヨーロッパから積み重ねてきた、歴史と文化の香りにより強く引かれていったのではないだろうか。

晩年の前川の建築には、中世ヨーロッパの都市の面影が色濃く漂っているような気がする。

この美術館では、年に一度竣工の日に、企画者、設計者、施工者、管理運営者が集まり、建築の現状を確認し、問題があればお互いに相談する。一〇年間は毎年行ってきたが、あとは一五年目、二〇年目に行ってきたという。それは、東京文化会館、東京都美術館、埼玉会館でも行われたという。

三〇年、五〇年で建て替えられる近代建築が多い中で、前川は「建築は百年だよ」と語っていたが、これだけの建築になるとだれにも安易に建て替えなどと言わせない存在感がある。

（熊本県熊本市）

鉄板とガラスの幾何学的な建築は、谷口吉生設計の図書館。のちの繊細な日本建築の印象はない。固い閉ざした印象が強い。

37 金沢市立玉川図書館・近世史料館

設計＝谷口吉郎＋谷口吉生　一九七八（昭和五三）年

金沢市の中心街に近接して建つ図書館と史料館。図書館は、鉄とガラスの近代的な建築であるのに対し、史料館は、大正二年に完成した煉瓦造の金沢煙草製造所を保存改修して転用したもの。

この対照的な二つの建築を設計したのは、金沢市出身の建築家谷口吉郎（一九〇四〜一九七九年）とその子息吉生《よしお》（一九三七年〜）。史料館を父吉郎が担当し、図書館を吉生が手がけた。

史料館は完全な保存再生で新しい表現はなにも加えていない。それに対し、図書館はコールテン鋼という、いったん錆びた後落ち着く新しい金属で、その野性的な表現が当時の建築家に好まれた。そのコールテン鋼を全面に貼り巡らし、さらに大

父吉郎が担当した史料館は煉瓦造の金沢煙草製造所の再生。吉郎は博物館明治村の初代館長、保存再生に強い使命感を持っていた。

きなガラスの窓を開放した、大胆な表現だ。いまみても野心的でとんがった建築である。父吉郎が一貫して追求してきた和風の控えめな表現はどこにも見当たらない。

父吉郎は、東京帝国大学を昭和三年、前川國男と同時に卒業し、東京工業大学の教授を務め、ホテルオークラ、帝劇、東京国立博物館東洋館、そして、迎賓館和風別館を設計した建築界の大御所である。一貫して近代建築でありながら和風を加味した静かな佇まいを追求してきた。しかし、この仕事を依頼されたとき、七〇歳を越えて、体調に不安を抱えていた。吉郎は全体を監修するとともに史料館の改修という控えの仕事に廻り、息子の吉生に図書館本体の設計を委ねた。吉生は、この時、三〇代後半、独立したばかりで、まだこれ

図書館の内部。左側が開架書庫、右側の中庭に沿って湾曲した窓のあたりが、明るく快適な閲覧スペースになっている。

といった実績がない状態だった。

この建築が竣工すると、吉生は結婚し、吉郎は体力を使い果たしたように息を引き取った。この親子にとって、この建築は親から子へのバトンタッチの儀式のようなものであった。

そう聞くと安易な二世建築家の誕生のように見えるが、実はその道筋は一筋縄ではなかった。

吉生は高校を卒業すると、父の望みを振り切るように慶応大学の機械工学科へ進学する。あまりに偉大な父への反抗である。卒業する頃、家に来たアメリカ帰りの父の同僚の建築家清家清から「アメリカへ行ってみるのもいいよ」とアドバイスを受けた。この言葉がヒントになって、ハーバード大学への留学を決意する。いきなりアメリカの最高レベルの建築学科へ入ってしまう。ここで五

コールテン鋼の外壁の中ほどにステンレスの入口が輝いている（上右・左）、中庭から見える閲覧室（下右）、中庭からの入口（下左）。

年間学習して、さらにアメリカの設計事務所で実務を体験し、帰国すると、丹下健三の研究室に入り、主として海外の仕事を担当する。その間、いくつもの海外の大学から客員教授を頼まれて教えに行っている。やはりただものではない。

こんな体験を積んだあと、三七歳で独立したところへこの仕事を依頼されたのである。

たぶん、じっと見守っていた父からの絶妙なタイミングでの誘いだったに違いない。

しかし、その建築を見ると、父が生涯追求してきた和風は片鱗もない。まだ反抗しているようにすら見える。しかし、父を失うと、次第に父の教えを反芻するようになり、ついには、父を超える近代と和風の繊細なセンスを開花させ、世界へ羽ばたく建築家へと成長してゆく。

（石川県金沢市）

正面のない建築だが、自然に導かれるように入口を入ってゆく。上の層にはアーチの連続、階段の明かり取りがそそり立っている。

38 進修館

設計＝象設計集団　一九八〇(昭和五五)年

設計に際して町から出された要望は、

一、町民の集まるところ
二、世界のどこにもないもの
三、子供たちが誇りに思えるようなものをつくってほしい、という、なんともおおらかなものだった。

それは、宮代町が誕生した一九五五年から一九八二年に没するまで、二七年間町長を務めた齋藤甲馬の考えだった。

戦後、自治体の知事、町長、市長たちが公職追放にあって人材が払底したため、「うちでぐーたら遊んでいるあれが良かんべ」と引っ張り出されたのが甲馬だった。

湾曲したコロネードにかかる連続したアーチが不思議な雰囲気を醸し出している。特定の用途はないが、魅力的な場所になっている。

甲馬の学生時代は、有名教授の教えを求めて全国十三の大学に入退学を繰り返し、九州帝国大学を二三歳で中退したのを最後に一切定職につかず、三〇年間家で読書三昧だった。五二歳で農地委員になり、村長になったのは五六歳だった。

家が役場の近くだったので、町長になっても甲馬は役場に行かず、役場の職員が自宅の縁側に来て、白菜のお新香を食べ、お茶を飲みながら会議を開いた。また甲馬は役場に部課長を置かず、学校給食を全廃するなど次々にユニークな方針を掲げ実行したが、職員は甲馬に信服していた。

町の方針も、無秩序な宅地開発を抑え、文教地区を目指し、日本工業大学の誘致に成功している。

こんな町長が象設計集団に声をかけたのは、象の設立メンバーの一人、富田玲子が甲馬の姪だっ

議場は、町の議会が４か月しか使わないので、その他の月は町民に開放され、発表会や演奏会など、町民の活動に利用されている。

たからだ。富田は丹下健三のもとで国立代々木競技場の貴賓室の設計に携わっていたが、丹下に理解されず、吉阪隆正の門をたたき、そこで仲間と象設計集団を創立する。

町では象の沖縄での仕事ぶりを見て、地域を大切にしているらしいと信頼し、設計を依頼したという。

進修館は外観からしてユニークだが、内部では特に二階のロビーが興味深い。細長い室は、喫茶コーナーもあり、勉強、おしゃべり、市民活動の拠点など、誰でも自由に使える空間になっている。

一階の小ホールは、町議会の議場であるが、議会は四か月しか使わないので、他の期間は一五〇名程度の講演会、コンサートなど町民の利用に供している。

芝生の広場を囲むように湾曲したコロネード（上右）、吹き抜け通路（下右）、２階ロビー（上左）、家具はすべてオリジナル（下左）。

アーチの連続したコロネードが円形の広場を囲むように連続して、想像力を刺激する楽しい空間になっているため、映画の撮影やコスプレを楽しむ若者の聖地になっている。

建設当初は全館打ち放しコンクリートの荒々しい壁面だったのが、二〇〇〇年の改修でぶどう色に塗られた。これで、いちだんと親しみやすい建築になった。

さらに全館に配置された家具が一つ一つどれをとっても個性的で楽しい。インテリアデザイナー方圓館の坂本和正のデザインである。

進修館は町長の期待どおりの、世界に二つとない建築になっているだけでなく、ますます町民に愛され、宮代町のシンボルになっている。もちろん象設計集団の代表作でもある。（埼玉県宮代町）

近代建築が否定した左右対称の正面を堂々と主張している建築は珍しい。ガラスもコンクリートも見えない。石だけが迫ってくる。

39 松濤美術館

設計＝白井晟一　一九八〇(昭和五五)年

この美術館は白井晟一が七五歳、最晩年の作品である。ここには、異端と言われた建築家白井晟一の特徴がぎっしり詰まっている。

国産の石材を検討した結果、白やグレーがどうしても気に入らず、この壁にふさわしい石を求めて、白井は韓国ソウルまで足を運んだ。

ここで出会った赤い花崗岩を気に入って、自ら「紅雲石」と名付けてこの外壁に採用した。

強い凹凸のある、素朴な手作り感満点の石の壁。石の幅を層によって変化をつけて、横のラインを強調。中央には磨いた石のベルトを通して横線をさらに強調している。

正面の壁面の大きさに比して、なんとも小さな

玄関ホールの天井、薄くスライスした大理石を通して淡い光が淀んでいる。明るい光を求め続けた近代建築では珍しい幻想的な光だ。

入口だが、これが正面玄関だ。

ここには、モダニズム建築の特徴はまるで見られない。そのため、モダニズムに慣れた人には、違和感を覚えるかもしれない。構造と表現の一致、経済性、合理性を求める近代建築の倫理観がここにはまったく見当たらないからだ。

白井晟一はモダニズムとはまったく異なる価値観で建築を設計してきた。

渋谷区はこの美術館の計画にあたって、建築家を誰にするか、運営をどうするか等、協議するために準備懇談会を設けた。

懇談会は美術評論家の土方定一を中心に、渋谷区に縁のある美術界の代表者七人（堀内正和、脇田愛二郎、千沢楨治、蘆原英了、亀倉雄策、大久保泰）という錚々たるメンバーで構成された。

吹き抜けの中庭を囲む林立するアルミの柱。そこを横切る１本のブリッジ。それも微妙に湾曲して怪しげな雰囲気を醸し出している。

懇談会の審議の結果、設計者は白井晟一と決まった。

松濤といえば、渋谷区でも高級な住宅地である。そこに建築面積一五〇坪ほど、高さ一〇メートルという制約の中で計画は進められた。

展示室の他に美術諸分野の実習室、デザイン教室、資料研究の図書館などが要求されたという。

白井の提出した案は、地上二階、地下二階、玄関前に広場をとり、建物の中心に地下から最上部まで楕円形の中庭を設けるというもの。

それは、区が用意した予算の二倍の工費を要するものであった。普通なら予算に合わせて修正を要求されるはずだが、不思議なことに、区は、白井の要求をそのまま認めたのである。

建築家白井晟一のカリスマ性がものを言ったの

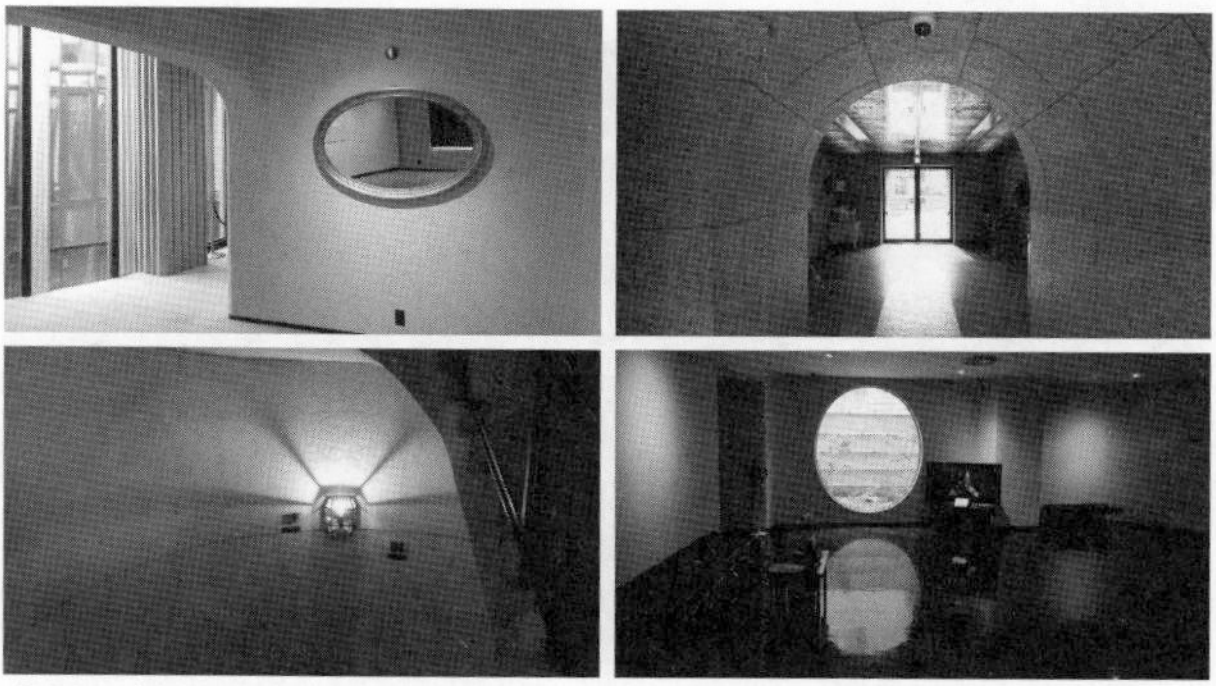

玄関へ向かうアーチ（上右）、ラウンジの楕円形の窓（下右）、２階エレベーターホールの楕円形の鏡（上左）、階段室に漂う光（下左）。

だろうか。

かつて松井田町役場（一九五六年）の設計に際してのエピソードを川添登が書いている。

全員一致して設計変更を要求することにした町議会へ白井は遅れて入ってきた。「議場は静かになり、議長がみんなの意見を伝えた。「それはできません」たった一言で議場はシンと静まりかえり、さっきまでさわいでいた議員のだれもが、白井の信念を見せた確固とした態度に圧せられて、一言も発言できなかった」という。

松井田町役場は、竣工後朝日新聞社会面のトップに「畑の中のパルテノン」と紹介され一躍注目を集めた。当時、白井は五一歳であった。

始めから伝説に包まれた、なんとも興味深い魅力的な美術館である。

（東京都渋谷区）

南側の国道に面したファサードは垂直に立ち上がっている。赤白2色のコンクリートブロックが全面的に使われている。

40 名護市庁舎　一九八一（昭和五六）年

設計＝Team Zoo（象設計集団＋アトリエ・モビル）

一九七〇年、一町四村の合併を機会に、人口四万人の名護市が発足した。この時から市庁舎建設の歩みが始まった。しかし、実際に動き出したのは一九七六年、市民各層の代表者一九名からなる「名護市庁舎建設委員会」が設置されてからだ。

委員会は、泡盛を酌み交わし、議論は夜遅くまで続けられた。なかには、「永遠に市庁舎をつくらなくていいじゃないか。こうした議論の過程こそ市庁舎なのだ」といった意見まで出た。そんな熱のこもった議論が一年以上続いた。

たび重なる議論の末に、市庁舎は、沖縄の気候風土に適した設計案を広く全国から公募して求めるべきだという結論に達した。

北側は次第に低くなる「アサギテラス」とそれを覆うブーゲンビリアのため、日陰の多い自然と一体化した風景になっている。

その結果、一九七八年より公開設計競技が公表され、全国から三〇八案の応募があった。

ここで、最終的に Team Zoo（象設計集団＋アトリエ・モビル）の案が選ばれた。

象設計集団は実はこのコンペの一〇年ほど前から沖縄の建築や都市、地域の計画に関わりをもっていた。沖縄での第一作は沖縄こども博物館。次は今帰仁《なきじん》の公民館である。さらに、まちづくりなど地域計画に関わり、その間、沖縄の各分野の人々との共同作業を続けていた。こうして得た知見がこのコンペで開花した。

この時代、まだ市民の住居でも空調は半分ほどしか設置されていなかったので、ここでは空調なしで、夏も快適に仕事のできる建築が求められた。

これはこのコンペの最大の難関だったと言われ

北側１階まわりもアサギテラスのため、日陰が多い。市民はここから市庁舎に近づく。ブーゲンビリアが建築と一体化している。

ている。そこで象設計集団は、天井の下に、海からの風を取り込む「風のミチ」をつくり、そこから吹き出す風で、室を冷やす工夫を生み出した。「風のミチ」は二メートル四方のコンクリートの筒が建物を南から北まで突き抜けるもので、その側面に五〇センチメートル角の穴があいている。それが事務所の天井に何本も設置された。

南側は街道に面して一直線のファサードを立てているのに対し、北側の住民が歩いてくる方は、ジグザグの「アサギテラス」になっており、日除けのスペースが心地よい日陰をつくっている。「アサギテラス」は穴のあいた、風の通るコンクリートブロック製の日除けである。

沖縄では、台風に強く、材料が手軽に手に入り、工事も簡単なコンクリートブロックが非常に普及

車類はこの斜路を登る（上右）、事務所の天井に取り付けた「風のミチ」（下右）、階段室のガラスブロック（上左）、階段廻り（下左）。

している。内外ともにこのコンクリートブロックが全面的に使われていることも大きな特徴である。

沖縄の気候風土の特徴をよく理解し、計画、材料、施工等の工夫がめぐらされ、その結果、居心地のよい建築に結実している。

近代建築は、近代産業に裏付けられた鉄・ガラスなどの工業生産品を用いて世界中に同じ建築をつくることを夢見ていた。しかし、それは、ヨーロッパ文明の身勝手な構想だったのかもしれない。

世界は広く、多様な環境に適応した多様な建築こそ人々が求めているものなのではないか。そんな反省が起きていた。

国際主義から地域主義への転換である。それをこれほど見事に表現してみせた建築はないかもしれない。

（沖縄県名護市）

撮影：石井翔大

鉄筋コンクリート造の近代建築でありながら、何層にも重なる方形の屋根はまるで檜皮葺のような柔らかな繊細な表情を見せている。

41

国立能楽堂

設計＝大江宏　一九八三（昭和五八）年

大江宏は、子供の頃、父親に何度も能楽堂へ連れて行かれたが、退屈でしょうがなかったと思い出を語っている。

父大江新太郎は日光東照宮を修復したことで知られているが、彼が設計した、水道橋の宝生能楽堂は、鉄筋コンクリートの建築の中に木造和風の能舞台をつくり、椅子式の座席を巡らせた画期的なものであった。竣工したのは昭和三年、宏が十五歳のときであった。

この体験は宏の中にしっかりと記憶され、五五年後に千駄ヶ谷に国立の能楽堂の設計を依頼されると、基本的には父の能楽堂を踏襲した建築を設計する。

ホールは、鉄筋コンクリートの内側に、ていねいな木造の架構がつくられ、木造建築のような人に寄り添う空間を生みだしている。

しかし同じ能楽堂でありながら、水道橋から千駄ヶ谷の間に大江宏の建築遍歴が詰まっていることは興味深い。宏が建築家として本格的にデビューしたのは、法政大学の市ヶ谷校舎であるが、その五三年館はシンプルなモダニズムの建築であった。しかし、五五年館、五八年館と次第に日本建築の要素が加わっていく。

その直後に手を付けたのが梅若能楽学院、宏が初めて手がける能楽堂であった。コンクリートの建築の中に本格的な木造の能舞台がある建築だった。これをきっかけにして鉄筋コンクリートのモダニズム建築に木造の和風建築を組み合わせるという難問に取り組んでいくことになる。

五八年館はちょうど丹下健三が香川県庁舎を設計した時期と同時期であり、ピロティ、柱・梁な

能舞台はあくまでも伝統の様式に基づき、椅子式の客席は、父新太郎の方式を踏襲しながら、さらに洗練された劇場建築となっている。

ど、共通した要素が見られるが、丹下がコンクリートを日本化しようとしたのに対し、大江は木造はあくまでも人間的なスケールのままであるべきと考え、「混在併存」の考え方にたどりつく。

国立能楽堂の基本的な構成は、コンクリートの近代建築の中に和風の能舞台をつくるものであり、それをいかに一体の調和した建築としてまとめあげるかという問題であった。

大江はあくまでも近代建築としてまとめようとした。その特徴の一つは、鉄筋コンクリートの近代建築でありながら、屋根は伝統的な日本建築のような何層にも重なる方形《ほうぎょう》の屋根としていること。いったんコンクリートで傾斜屋根をつくったうえで、瓦を載せたり、鉄板を葺いたりせずに、その上にアルミの角パイプを敷き並べて、遠くか

玄関ホールは木造架構を強調（上右）、廊下（下右）や、ホールは和風の木造で（上左）、中庭は和風庭園を否定した雑木林（下左）。

ら見るとまるで檜皮葺《ひわだぶき》のような柔らかみのある表現を実現している。

ロビーやホールには、コンクリート構造の内側に木造の架構をつくり、香川県文化会館（一一二頁）よりさらに手の込んだ木造架構を徹底して施し、天井の格間《ごうま》などには、日光東照宮を意識して装飾に力を入れている。

法政大学市ヶ谷校舎以来、恐る恐る試みてきた和風の復活、装飾の回復など、近代建築が否定した要素を一気に復元回復する大江流の集大成だったのである。

大江宏にとって、水道橋から千駄ヶ谷までの道のりは遠く険しいものではあったが、ついに父新太郎から引き受けた能楽堂の近代建築としての革新はここで完成を見たのである。　（東京都渋谷区）

ホテルの客室棟はルネッサンス風の三層構成、正方形の窓、屋上のブロークンペディメント、入口廻りの鋸歯状柱など、見所が多い。

42 つくばセンタービル

設計＝磯崎新　一九八三（昭和五八）年

つくばセンタービルは、筑波研究学園都市の中心施設であり、ホテル、公民館、コンサートホール、情報センター、広場などが含まれる。住宅・都市整備公団によって企画され、設計者はレポートやヒアリングを中心としたプロポーザルで十三の設計事務所の中から磯崎新が選ばれた。

これはポストモダン建築の典型的な作品と言われている。近代建築以降の新しい様式というわけだが、その特徴は、近代建築が否定した過去の様式を自由に引用するところによく現れている。

最も分かりやすいのは、中央の低く掘り下げられた広場である。そこには、大きな星形の模様がモザイクで描かれているが、これは、ローマの中

中央の掘り下げた広場は、ミケランジェロ設計のカンピドリオの丘の広場を模したもの。崩れかけた壁など、自虐的な処理をしている。

心にある、ミケランジェロ設計のカンピドリオの丘の広場からの引用である。

ただし、磯崎は素直にコピーすることはしない。本物がローマの七つの丘の一つ、カンピドリオの丘につくられ、ローマの栄光を讃えているのに対し、ここでは、掘り込まれた低い広場に、崩れかけた石垣に囲まれて、あたかも筑波研究学園都市の権威をあざ笑うかのようにつくられている。

次に引用された様式は、何と言っても鋸歯状柱、丸と四角の石を交互に積み重ねた柱である。これになると、建築家でもよほどマニアックな人でないかぎりわからない。この柱の出典は二百年ほど前の建築家クロード・ニコラ・ルドゥーのショーの製塩工場の監督官の館である。

一九六三年、丹下がまさに国立代々木競技場の

ホテルの玄関、古典的なアーチ、粗石積みの壁、そして入口の左右に鋸歯状柱など、しつこく古典建築の引用を繰り返している。

設計に没頭している時に、磯崎は丹下のチームを離れ、初めてのヨーロッパ旅行を楽しんでいた。パリの古本屋でたまたま見つけたルドゥーの本に吸い寄せられ、非常に高価だったが、有り金はたいて買ってしまった。そのためそのあとの旅行は取りやめて帰ってきたという逸話が残っている。

この本には、ルドゥーの建築作品と未完の建築が詳しく描かれているのだが、磯崎が惹かれたのは、実現したショーの製塩工場と未完の球体や正方形の建築群の図版である。後にショーの製塩工場には篠山紀信を連れて行き、写真集を出版しているほど惚れ込んでいる。そこにこの鋸歯状柱の見事な列柱があった。

磯崎はルドゥーに没頭したため、正統なモダニズムに寄り道をせずに「純粋幾何学形態で建築が

正方形の繰り返し、モンローカーブによる曲線、ホールの入口廻りの鋸歯状柱による過剰な列柱など、磯崎の自己陶酔的なデザイン。

できるか」という課題に突き進むことができたと述べている。その成果が群馬県立近代美術館（二五四頁）であるが、このつくばでは製塩工場の鋸歯状柱の方が使われた。

ルドゥーは王室建築家だったため、製塩工場を設計したが、フランス革命が起こると王は断頭台で処刑され、ルドゥーもギロチンに掛けられるところを危うく命拾いし、余生をかけて自分の建築構想を描き続け、出版したものである。

つくばセンタービルはミケランジェロへの自虐的な敬意、ルドゥーへの偏愛、その他、ホテル上部のブロークンペディメント（破れ破風）、モンローカーブ、さらに円、正方形、三角形など、磯崎が塗り込めた謎を解き明かしながら建築を楽しむのも一興である。

（茨城県つくば市）

© Google Earth

劇場やプラネタリウムを収めた球体と水の流れる広場。要求された施設のほとんどは地下に埋め、地上は子供のための広場になった。

43 湘南台文化センター

設計＝長谷川逸子　一九八九（平成元）年

新築に際し、設計案を募集し、最優秀案を採用する方式をコンペ（コンペティション）というが、この湘南台文化センターからプロポーザル・デザイン・コンペという方式が始まった。

藤沢市長が、こども館、公民館、市民シアターからなる複合施設を構想したとき、建築雑誌の新建築社に相談をもちかけた。当時の編集長、馬場璋造は数多くのアイデアコンペを手がけており、コンペの問題点を熟知していた。

馬場が提案したのは、提出図面をA1用紙四枚として、参加建築家の負担を軽減すること、完成度よりもアイデアで建築家を選ぶことであった。そのため、併せて「プロポーザル・デザイン・コ

プラネタリウムの下は公園を横切る抜け道になっている。こんな体験は珍しい。これだけでも十分にドラマチックだ。

ンペ」という言葉を提案した。

当時のコンペは物量に物を言わせて、四〇枚以上もの図面や精巧な模型を競う状態だったため、ゼネコンや組織事務所の独占状態だった。

馬場の提案は、その簡素化とコンペに若手の登竜門としての役割を期待したものだった。

藤沢市では、審査員も清家清、槇文彦、磯崎新と申し分のない建築家を起用し、その結果、ほとんど実績のなかった女性建築家の長谷川逸子（一九四一年〜）が選ばれた。

磯崎は「子供のイメージを発展させ、ファンタジー性が高い長谷川案」が選ばれたと語っている。他の案の多くが大きな建築を建てるものだったから、ほとんどを地下に埋める長谷川の案は、異色だった。

大きな球体の中は市民シアター。舞台を囲む 600 人収容の座席は半円形になっている。全体が自然に球形の中に収まっている。

しかし、選ばれた長谷川が地元に入ると、市役所からも市民からも予想もしなかった猛烈な反対の声に直面する。普通に建物が建つと思っていた市民は予想外の案に不安だったのである。

そこで、長谷川は、設計の意図を説明し、市民の希望を聞くため会合を持った。設計の期間一〇か月の間に五〇回にのぼる会合に出席した。市も、農協の会議室の一つを専用の会議室に提供した。

長谷川は施設の七〇パーセントを地下に埋めること、その代わりに地上を「第二の自然」として子供たちに開放することを丁寧に説明し、併せて地元の要望を細かく聞きとりながら設計に少しずつ修正を加えた。

このため、完成したときには、多くの市民は施設に親しみをもって接することができた。

ならんだ屋根は地下室への明かり取り（上右）、パンチングメタルの日除け（上左）、金属製のベンチ（下右）、瓦で覆われた川（下左）。

改めて建築を見ると、最も眼を引くのは、幾つもの巨大な球体だ。最大の球体、市民シアターはステージと客席が球の内部にうまく収まっており、いまでもよく使われている。

次の球体はプラネタリウムであるが、これはもともと球体がふさわしい。

こども館と公民館は地下に埋められているが、広い空間になっており、その利用方法は自由だ。

広場には瓦を貼り込んだ川が流れ、橋が架けられている。この辺りは、お気に入りの瓦職人や左官職人を呼び寄せ、藤沢の海岸から拾って来た貝殻を埋め込んだり、手作り感満載である。

長谷川はこのあと、新潟市民芸術文化会館など数々の作品を世に送り出し、今日の女性建築家活躍の道を切り開いた一人である。（神奈川県藤沢市）

北側の外観は、暗くなるのを避けてガラスを多用し、明るい空を映し込んでいる。また、大きな壁面は、分割して変化をつけている。

44 京都駅

設計＝原広司　一九九七(平成九)年

京都駅ほど賛否がきっぱり分かれる建築は他に例がない。京都市民にしろ、観光客にしろ、賛否がまっ二つに分かれる。反対派の主な主張は京都の伝統が反映されていないということだ。

百年ほど前にエッフェル塔ができたとき、パリ市民は伝統を無視した醜悪な建造物だと猛烈に反対した。しかしいまではパリ市民が自慢するパリの重要なシンボルで、パリ第一の観光名所だ。

京都駅は一九九四年の平安建都一二〇〇年を記念して、ＪＲ西日本と京都市が計画した。後世に残る優れた建築を期待して国内外の建築家七名による国際指名コンペが行われた。

要求された機能は、駅、ホテル、商業施設、文

巨大な「地理学的コンコース」はひと目で駅の全体を見渡すことができる。新幹線が走る現代の駅を劇的な空間につくりあげた。

化施設、駐車場、そして市民広場など、膨大なものだったのである。

指名された建築家は、安藤忠雄、P・ブスマン、原広司、池原義郎、黒川紀章、J・スターリング、B・チュミという世界的に著名な建築家七名であった。

審査員も地元京都大学教授で建築家の川崎清をはじめ、磯崎新、内井昭蔵、H・ホラインなど内外の建築家のほか有識者一〇名があたった。

提出された七つの案は、いずれも力作で甲乙つけがたく、審査は難航した。しかし、二日間にわたる慎重審議の末、選ばれたのは羅生門をイメージした単純明快な黒川案や安藤案ではなく、複雑な機能を表現した原広司案であった。

原の案は、長さ四七〇メートルの長大なコンコースを中心に据え、駅、ホテル、デパート、大

171段の大階段では、コンサート、イルミネーション、駆け上がり大会などさまざまなイベントが行われるほか、静かに座る人も。

階段を結びつけるダイナミックなものであった。コンコースの上部は巨大なガラス屋根をかけ、エスカレーターや空中歩廊により全体を一望できるように配慮されている。

原はこれを「地理学的コンコース」と名付け、この建築の最も重要なコンセプトとしている。長大な建築を京都の街筋に従って三分割し、ホテル、駅、デパート、大階段と配置している。

特に、大階段は普段は無用なデパートの非常階段を取り込んで巨大な野外劇場として有効活用する画期的な施設である。

原広司（一九三六年〜）は、東京大学で丹下健三に学び、建築家として注目されたのは「有孔体」理論とともに発表した小住宅。小さくとも、一つの空間としての存在を主張する強い思いを込めた

駅正面入口（上左）、コンコースに立つオブジェ（上右）、ホテル客室部分は多彩な表情を見せる（下右）、6階室町小路広場（下左）。

ものであった。

原が次に注目されたのは、一九七〇年代、大学院生や卒業生を連れたアフリカ、インド、中南米など五回に及ぶ世界の集落調査旅行であった。

原は世界の多様な自然とそこに住み続ける原住民の多様な生き方、住居と集落の姿を目にした。

この調査旅行は原の建築に大きな影響をもたらした。京都駅の巨大な建築を分割し、多彩な魅力的な細部を生み出し、全体を統合するデザイン手法は、集落調査で得た成果がよく生きている。

こうして、交通機関の要であるとともに、出会いと別れのドラマの舞台となる空間が生まれた。

京都を愛する京都市民は、やがて、金閣寺や清水寺とともに京都駅を世界に誇る建築として誇りに思う日が来るに違いない。

（京都府京都市）

薄い鉄の庇、細い柱、大きなガラス窓、浅い池を横切る真直ぐなアプローチ。すべての要素が快い緊張感をもって均衡している。

45 法隆寺宝物館

設計＝谷口吉生　一九九九(平成十一)年

東京上野の東京国立博物館には、谷口父子の建築が揃っている。父、吉郎の設計した東洋館(一九六八年)、子、吉生《よしお》の設計した法隆寺宝物館(一九九九年)である。東洋館は近代建築をなんとか日本風のデザインで纏めようとして、無理をした固さがあるのに対し、宝物館は日本建築のエッセンスを消化した上で最新の近代建築のスタイルで非常にスマートに纏めてみせている。

日本の近代建築がたどってきた三〇年の差、その間に歩んだ成熟を感じさせてくれる。金沢が生んだ建築家として吉郎の繊細な感性はよく話題になったが、吉生の感性はさらに磨きのかかった、一段と繊細なものとなっていることがよくわかる。

徹底した縦のラインが大きなガラス窓を区切っている。障子のような、和風を強く感じさせる透明感のあるロビーになっている。

この宝物館は、明治時代に皇室に献納された法隆寺の宝物を保存・展示するための施設であるが、そのため、ほとんど窓のない石とコンクリートの箱と、手前のガラスと鉄の開放的なロビーを組み合わせたものとなっている。

照明が作品を損傷しないよう、展示室は極度に照度を落として非常に暗い部屋になっているのに対し、エントランスロビーは外とほとんど同じくらい明るく開放的な空間になっている。

ロビーのガラス窓の上部の細い縦長の格子が特に和風を感じさせる部分であるが、なぜか、わざとらしい和風の押し付けにはなっていない。

もう一つの特徴は、前面の池である。広い水面は極めて浅く、その浅さが、広さを強調して快い。さらに地面と近接した水面が建築の繊細さを一段

展示室は保存資料の劣化を防ぎながら、展示する目的のために、極度に照度を落とした照明が、資料にのみスポットで当てられている。

と引き立てているように見える。

吉生は父との共作金沢市立玉川図書館・近世史料館（一六二頁）のあと、土門拳記念館、葛西臨海水族園など話題作を送り出したあと、この法隆寺宝物館を設計している。どれも一貫して父吉郎を受け継ぎ、さらに繊細さと大胆さを加えて、父を超える建築家として成功を収めている。

海外で教育を受けた吉生は、海外の人々にも理解されやすい。アメリカで一貫して近代建築の発信源となっているニューヨーク近代美術館（MoMA）から、増改築の設計コンペをするので、応募するよう招待状が来た。

世界中から最も優れた建築家一〇人の一人として指名されたのである。現地調査を含む慎重な審査を経て一等に選ばれ、ポートレートがニュー

ロビーのガラス窓と石の壁の対比（上右）、ガラス窓を通した前景（上左）、池の向こうに表慶館とアプローチ（下右・左）。

ヨークタイムズの日曜版の一面を飾った。

この設計と監理のため、七年間に三〇回アメリカへ通い、完成すると絶賛を博した。ＭｏＭＡの建築は今まで二人の著名な建築家が増築を繰り返しており、それを尊重しながら、ニューヨークの街の景観を楽しめる、繊細で控えめなデザインが歓迎されたのである。

興味深いのは、父吉郎が前川國男と同級生でありながら、ル・コルビュジエにのめり込まなかったこと、さらに、子吉生が日本の建築の大学を出ていないこと、このため、日本の近代建築の主流からやや距離をおいて独自の生き方、独自のスタイルを維持していることである。

谷口父子は成功した例だが、建築の世界では、親子で成功するのは簡単ではない。（東京都台東区）

杉材で覆われた低い屋根が一直線に伸びて、美術館（左側）とレストラン・ショップ（右側）とをつないでいる。

46 馬頭広重美術館

設計＝隈研吾　二〇〇〇（平成十二）年

栃木県の東部、人口一万五千人ほどの那珂川町は栃木県の中でも下から五番目ほどの小さな町だ。交通も決して便利とは言えない、にもかかわらず三つの美術館を持っている。その一つ馬頭広重美術館ができたのは意外なきっかけだった。

この辺りで明治時代から肥料会社を経営する傍ら美術品を蒐集していた青木藤作のコレクションを孫の青木久子が神戸に保管していたところ、阪神・淡路大震災で蔵が倒壊し、瓦礫の中から広重の肉筆画をはじめとする貴重なコレクションが発見された。

久子はこれを故郷の那珂川町に寄贈し、町はこれを収蔵・展示するため美術館をつくることに

杉材を並べた深い庇が真直ぐな美しい日陰をつくっている。軽快な庇は簡単な鉄材で軽やかに支えられている。

なった。

設計を依頼された隈研吾（一九五四年〜）は、敷地の裏山に茂る杉林に注目する。このあたりには優れた杉材、八溝杉《やみぞすぎ》がとれる。これを生かしたいと考えた。また、広重の浮世絵の傑作「大はしあたけの夕立」の雨を描いた細い線に注目した。八溝杉による細い線、これで建築を覆うためには、杉材の不燃化が欠かせない。

宇都宮大学にこの問題に取り組む研究者がいた。安藤實、栃木県庁で林野行政に一生を捧げたものの、定年退職後、杉が有効に活用されていないことに衝撃を受ける。そこで杉材の不燃化に取り組む。木には導管という水分を吸い上げる管があるのだが、杉の導管には特殊な弁があって、液体の浸透を妨げている。数々の実験の結果、遠赤外

美術館とレストラン・ショップの間を舗道が貫いているが、その屋根も杉材のルーバー（格子）が覆い、強い日射を受け止めている。

線の照射によって弁を焼き切ることに成功する。そこに不燃化液を浸透させれば、杉材は外見を変えずに不燃化することができる。

隈は安藤のこの研究に着目し、杉材の不燃化に成功する。こうして、広重、八溝杉、杉材の不燃化と材料が揃い、隈の構想が動き始める。

この建築、どこから見ても杉材で覆われている。しかも三センチ×六センチという細い杉材を十二センチのピッチで並べている。それが内外の壁面、屋根と至る所を埋め尽くしているのだ。

ただでさえ燃えやすく、建築の外装に使うことはできないはずなのに、こんな細い杉材で覆われた建築は不可能だ、これが常識である。

細い杉材で覆われた建築、確かに非常識だが、できてみるとなんとも美しい。杉材の細さが実に

細い杉材は軽い鉄材で支持されているが、注意深いディテールによって、軽快で、心地よい空間をつくり出している。

繊細である。広重の雨の繊細な表現に通じるものがある。

隈はこの頃から木材の活用について数々の実験的な作品を発表しているが、この美術館は最も成功した作品かもしれない。

この建築は決して木造ではない。あくまでも鉄筋コンクリートと鉄骨でつくられている。さらに、屋根や壁はガラスや鉄板で覆われている。しかし、眼に入るのはあくまでも細い杉材ばかり。

日本の建築は長い間木造を避けてきた。第二次世界大戦の空襲による都市の火災は一気に木材への不信感を増幅してしまった。しかし、今、日本の山は戦後植林した杉・檜が利用を待っている。

この建築は木材の建築利用に重要なヒントを与えてくれるかもしれない。（栃木県那須郡那珂川町）

定禅寺通りに面した正面は全面ガラスの「スキン」で覆われて、通りから内部がよく見え、並木の四季の変化を感じることができる。

47 せんだいメディアテーク

設計＝伊東豊雄　二〇〇〇(平成十二)年

「メディアテーク」とは、あまり馴染みのない言葉である。しかし、この言葉の登場こそ、この建築の誕生を予告する最も重要な事件であった。

仙台市が、図書館、市民ギャラリー、映像センター、障害者のための情報センターなどをつくるに際して、せっかくならそれらを融合して運営する次の時代にふさわしい施設をつくろう、ならば、コンペによって建築家を選ぼうと考えたところから、この計画は始まった。

まずコンペ、その第一人者、磯崎新に審査委員長を依頼しようと決めた。そこからドラマは始まった。磯崎は、審査は専門家に任せる、審査の過程を公開するなどの条件を出し、さらに建築の

街路からいきなり入ることのできる１階はとくに高い天井を生かして、舞台を設営できる広場や公園のような場所になっている。

主要な課題として「メディアテーク」という名称を提案し、その建築的なひな形を求めるとした。

この挑発的なコンセプトにより、コンペは方向が示され、多くの建築家を奮い立たせた。

審査もこのコンセプトを手がかりに進められ、ついに伊東豊雄（一九四一年〜）の案が選ばれた。

伊東案は、二三五点にのぼる応募作品のなかで最もとんがった、だれも見たことのないものだった。審査員たちも相当の覚悟で選んだに違いない。

伊東案は五〇メートル四方の床を六枚、柱ではなく十三本の鉄のメッシュのチューブで支える。チューブの中にエレベーター、階段、電気などの配管を収め、その他は壁のないオープンな床とするというもの。

図書館、ギャラリーなど個々の機能は利用者、

南側の外壁は、1.012cm と 1.9cm の強化ガラスという二重のガラス「スキン」で覆われ、間の空気を給排気して熱に対処している。

管理者で考えるという前代未聞の計画であった。

そこでつくられたのが、ボランティア集団「せんだいメディアテーク・プロジェクトチーム」である。ここには、仙台市民のみならず広く日本中から有識者が集められ、六年にわたり議論を重ね、設計者、施工者、仙台市、利用者団体などと協議を繰り返し、「使う」立場から問題点を発掘しコンセプトブックをつくり上げた。

そこでは、図書館、ギャラリーなどという個々の縄張りを外し、見る、調べる、聞くなど、各種のメディアに自由にアクセスできるオープンな環境をいかにしてつくるかが模索された。

工事はとてつもない難工事だった。床は鉄板、支えるのは鉄のパイプのチューブ、熟練した造船工による溶接という、造船のような作業だった。

チューブは床を支えるとともに自然光を取り入れる（上左・右）、3、4階は一部吹き抜けの図書館（下右）、1階の案内カウンター（下左）。

従来のコンクリートの柱や梁、壁、床はどこにもなかった。すべてが未経験の作業だった。

完成した建築は、だれも見たことのないものだったが、仙台市民は、まるで、すでに知り尽くしていたかのように自由に建築を使い始めた。

市民の間には、当初から不満や批判はあったが、それ以上に期待が大きかった。見たことのない建築に刺激されてさまざまな新しいアクションが生まれ、市民活動が活性化した。

しかし、十分に使いこなされているか、といえば、たぶん道半ばであろう。この建築が生きるも死ぬも、管理者、利用者次第である。

せんだいメディアテークは、二一世紀の建築に根本的な変更を迫る建築かもしれない。しかし、その答えはまだ見えない。

（宮城県仙台市）

ランダムに配置された大小さまざまな白い立方体の展示室を、ガラスの円形のロビーが取り巻くというのが基本的な構成。

48 金沢21世紀美術館 二〇〇四(平成一六)年

設計＝妹島和世＋西沢立衛／SANAA

金沢市の中心部、金沢城、兼六園にほど近い絶好の敷地に、この美術館はある。開館以来いつ来ても大勢の来館者で賑わっている。現代美術の美術館になぜこんなに多くの人が来るのだろう？

何よりも、美術館のいかめしい雰囲気がないこと、だれでも気軽に入っていける開放感であろう。設計にあたって、当時の山出《やまで》保《たもつ》市長から「普段着でも入れる美術館」をつくってほしいと望まれたという。

山出は五期二〇年市長を務め、金沢らしいまちづくりに力を尽くした人だが、この美術館においても、金沢なら伝統芸術という圧力に抗して、開かれた市民のための近代・現代美術館の実現のた

ガラスの壁は、厚さ 19mm の高透過ガラス２枚を 1.6mm の膜を挟んで接着したもの、合わせて 39.6mm、約 4cm もの厚さがある。

めに努力した。

設計の条件としてこの敷地に「交流館」と「美術館」という二つの建物が求められた。これに対し、設計者からの提案は、この二つを一緒にしましょう、というものであった。

美術館のチーフキュレーター長谷川祐子から出された要望は、各種の展覧会に対応するために、高さを四・五メートル、六メートル、九メートル、十二メートルなどさまざまな大きさの展示室を用意してほしいというもの。これに対し、設計者の提案は、円形の交流ゾーンの中にさまざまな大きさの立方体の展示室を点在させ、その展示室を互いに離して、間に無料ゾーンを挟み、さらに中庭を挟んでバラバラに配置するというものであった。この結果、中央部の有料の展示ゾーンと外周

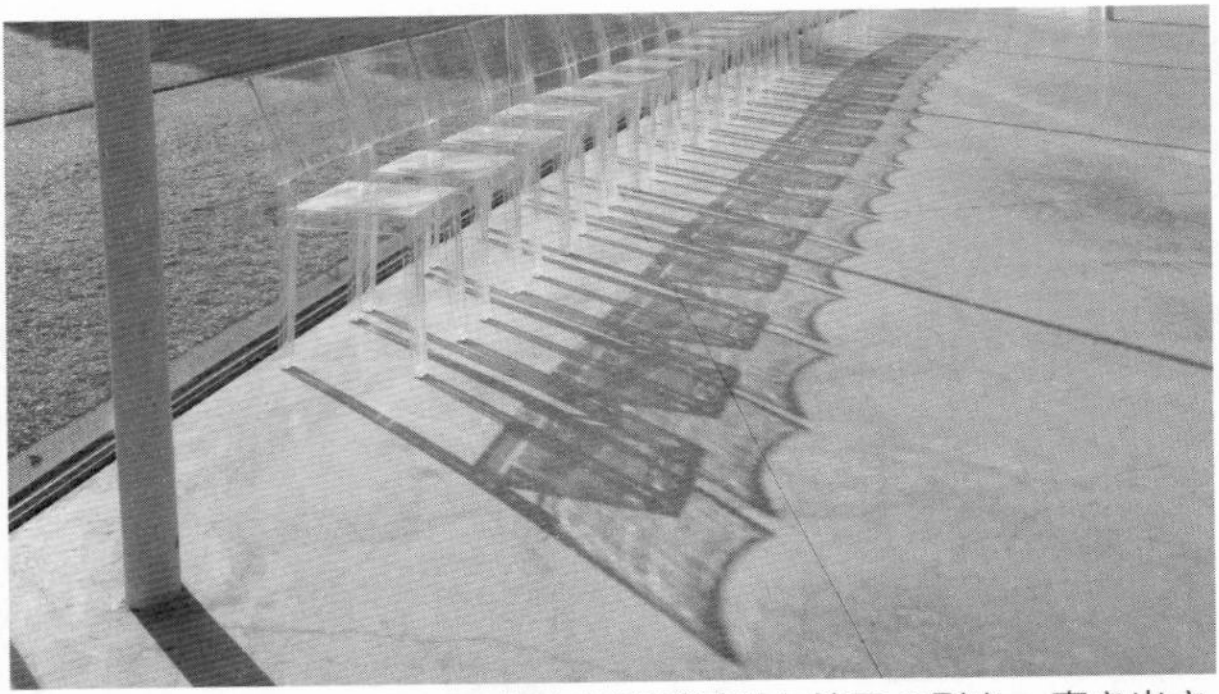

北陸の気まぐれな雲間から差す光線が透明な椅子の影を、磨き出されたコンクリートの床に映し出す、なんとも幻想的な情景。

部の自由に回遊できる無料の交流ゾーンが混在するかつてない美術館が誕生した。「まちに開かれた公園のような美術館」である。

来館者の半分くらいは、無料ゾーンだけ廻って帰っていくような印象だ。有料の展覧会を見ずに、無料ゾーンを廻るだけでも十分に楽しめる。

SANAA（Sejima and Nishizawa and Associates）は妹島《せじま》和世（一九五六年〜）と西沢立衛《りゅうえ》（一九六六年〜）のユニットがつくった設計事務所。ガラスを多用した透明感のある建築の流れを牽引して世界から注目されている建築家だ。これまでにも数々の話題作を発表してきたが、中でもこの美術館の透明感は圧倒的だ。外壁が全て曲面ガラス。

「明るい建築」は、近代建築が一貫して追求してきた中心的なテーマだ。

強烈な存在感の原木のベンチ（上右）、細い柱、平滑な床、ガラスの壁（下右）、図書室（上左）、レアンドロの「プール」（下左）。

ル・コルビュジエもミース・ファン・デル・ローエもガラスによって可能になる新しい建築を提唱して近代建築を切り開いてきた。

しかし、この流れをもっとも大胆に切り開いたのは、なんと言っても妹島和世と西沢立衛だ。しかもその代表作がこの美術館である。

しかし、心配は、彼らの建築に共通して言えることだが、ガラス面を通して失われる熱量である。夏の日差しはものすごいと思われるし、冬の暖房の熱損失も大変なものではないだろうか。

環境への対応が最大の課題となりつつある二一世紀の建築にとって、肌着のまま寒風の中に立っているような建築は許されるのだろうか。とはいえ、この建築が最高に魅力的な建築の一つであることは間違いない。

（石川県金沢市）

上部２層が住居、その下が店舗部分。表参道の中心部に 250 メートルも続く長いビルだ。

49 表参道ヒルズ

設計＝安藤忠雄　二〇〇六(平成一八)年

ここには、もと同潤会青山アパートが建っていた。関東大震災のあと、都市を不燃化するとともに良質な住居を提供する目的で、東京、神奈川に十五か所、約二五〇〇戸の鉄筋コンクリートのアパートがつくられた。青山はその中の一つとして一九二七年、三階建て、一〇棟、一三八戸が竣工、当初は高級なイメージが強く、軍人、役人、大学教授など選ばれた人たちが入居した。

同潤会アパートの多くが下町に位置したのに対し、代官山とともに青山はおしゃれな山の手に立地したため、一九五〇年に個人に払い下げられると、人気が高く、ギャラリーやブティックができたりして市民に親しまれてきた。

表参道はかなりの坂道だ。茂ったケヤキ並木のおかげで、ガラスの壁面の単調さは多少は救われているのだが。

しかし、近年は老朽化が進み、建て替えが計画されたが、この状態に愛着を持って住み続けたい人も多く、話がなかなか進まなかった。

表参道の四分の一にも及ぶ長いファサードのある土地のため、注目されていたが、開発が進んだのは、最強のデベロッパー森ビルが、豪腕の建築家安藤忠雄（一九四一年〜）を起用してからである。

安藤の提案は、地下三階から地上三階のうち、上部二層を住宅とし、下部に一〇〇軒の店舗を入れ、吹き抜けにして螺旋状のスロープで結ぶ、高さを前面のケヤキ並木に合わせる、などの大胆だがわかりやすいものであった。

さらに、南端に、同潤会アパートの一棟を復元して同潤館と名付けて店舗として利用する。

できてみると、地上階を低く抑えるため、地下

巨大な吹き抜けをスパイラルスロープがとりまく。表参道の傾斜に合わせた斜路が 100 軒もの店をつないでいる。

を大規模に掘り下げ、巨大な地下空間をつくり、表参道にまったく新しいショッピングの空間を創出してみせた腕力には感心する。

安藤忠雄は本書に登場する建築家の中でもっとも異色の経歴を持っている。まず、貧しさのため大学の建築教育を受けられなかった。

このため、大学へ進んだ友人に教えられた専門書を購入し、大学で四年かけて学ぶ内容を一年で読破し、続いて仕事をしながら一級建築士の資格を一度の試験で取得するという離れ業。スタートから桁外れの努力家だった。

高校時代にプロのボクサーだったことは有名だが、世界を放浪したとか、高卒にもかかわらず東京大学の教授になったなど、伝説的な話題にこと欠かない。

住居部分が中空に浮いている（上右）、その下に店舗のエントランス（下右）、内部の斜路を巡る（上左）、最下部には大階段（下左）。

また、多くの建築家が諦めかけていた打ち放しコンクリートの技術を徹底的に研究し、密実なコンクリートの打設の技を極め、その魅力を作品を通して世界に発信した。

最初に注目されたのが「住吉の長屋」。三軒長屋の中央に、間口二間、奥行き八間の窓のないコンクリートの箱のような住宅を挿入し、三つに分割した中央を中庭として採光と通風を可能にした。その思い切った決断力と実行力に、世界中の建築家が魅了された。その後の活躍はだれもがよく知っているとおりである。

安藤は、一貫して大阪を拠点に活動しているが、日本人建築家として世界で最も高く評価されており、ニューヨーク、パリ、上海と世界を舞台に活躍する姿は目を見張るものがある。（東京都渋谷区）

四つ角に向かって建つ、カフェ、ショップが入るボックス。壁面には英国人アーティスト、ポール・モリソンによる壁画「オクリア」。

50 十和田市現代美術館

設計＝西沢立衛　二〇〇八（平成二〇）年

十和田市は、青森県のなかでも四番目、六万人ほどの小さなまちである。内陸部にあり、周囲の畑とははっきりと切り離されて、碁盤目の道路が整然と通ったまちになっている。その中心に、松と桜の見事な並木をもった一・一キロメートルの官庁街通りがある。市役所、図書館、消防署、裁判所、税務署などがこの両側に集まって、このまちの見事なメインストリートとなっている。

だが近年、省庁の再編などのため、空き地が増え、活力が失われてきた。そこで、まちの活性化のために考えられたのが、アートによるまちづくり「アーツ・トワダ」だ。官庁街通り全体をアートによって活性化しようという計画である。

外に開いたボックス。スペインのアナ・ラウラ・アラエズの「光の橋」。その右には椿昇による赤い「ハキリアリ」の彫刻。

二〇〇四年であった。

計画を具体化するために、コンサルタントとして選ばれたのがナンジョウ アンド アソシエイツである。多くの識者のアドバイスを得て、官庁街全体を美術によって活性化するプロジェクトがスタートした。その中核事業として十和田市野外芸術文化ゾーン アートセンタープロポーザルが発表された。この段階ですでに、三六点の収蔵作家が選ばれ、そのうちの二〇作品は恒久設置作品とすることも決まっていた。

つまり、アート作品の選定と建築家の選定が同時並行して行われたのである。

プロポーザルでは、五人の若い建築家が指名され、その中から選ばれたのが、西沢立衛《りゅうえ》の案である。

西沢の案は、収蔵する作品一つに一つのボック

© Google Earth

官庁街通りを挟んで、美術館と彫刻を置いた広場が対峙している。
美術館の建築は作品ごとのボックスを細い回廊がつないでいる。

スを与え、バラバラに設置したボックスを細い回廊でつなぐというものであった。

指名されたアーティストと建築家は対等の立場で協議しながら設計・制作が進められた。作品は屋外にも置かれたり、壁に描かれたりしたから、建築とアート作品は密接に関係し、一体のものとして制作された。

企画・設計・建設のすべてが、かつてない新しい美術館なのである。

十和田市としては、この美術館は、アートによるまちづくりの一つの段階にすぎない。今後、官庁街全体に拡げていく計画である。

西沢は、金沢21世紀美術館を妹島和世とともに設計しているので、金沢の建築とここの建築は連続しているようにも見える。金沢では、展示室と

チェ・ジョンファのフラワー・ホース（上右）、広場に草間彌生のカボチャ（上左）、透明な回廊（下右）、カフェのボックス（下左）。

してつくられた複数のボックスを丸い大きなガラスの壁で囲って建築として纏めたのに対して、ここでは、ボックスはバラバラに解体されて、まちに向かって開いている。外から見えるようにつくられたボックスもあり、屋外に置かれた作品と屋内の作品が区別なく自然に鑑賞できる。

ここでは、ボックスはあるが、建築というまとまったシンボリックな塊はない。

金沢も建築をまちに開いたが、ここではさらに大胆に建築を解体して、まちに開放した。

建築家たちは、いろんな美術館をつくってきた。坂倉準三の鎌倉の近代美術館、ル・コルビュジエの国立西洋美術館、前川國男の熊本県立美術館、磯崎新の群馬県立近代美術館など、そしてここにまた歴史に残る美術館ができた。（青森県十和田市）

あとがき

建築学科を卒業して、最初に勤めたのが『新建築』という建築雑誌の編集部だった。そこで、村野藤吾の千代田生命のほか、白井晟一の親和銀行本店、磯崎新の福岡相互銀行大分支店、宮脇檀のもうびぃでぃっくなど多くの建築家と作品に接することができた。そんな現場を幾つも体験しながら、あっという間に四年間がすぎた。

その後も、建築関係の雑誌や書籍の編集に携わりながら、建築に接する機会があったが、次第に、初めに体験した一九七〇年までの四年間がとてつもない重要な体験だったことが痛感されてきた。それは、百年にわたる日本の近代建築の歴史のなかで二度とない充実した重要な瞬間だったことがわかってきたためだ。

あの時代を見た一人として、あの時代を中心とした近代建築の姿を書き残しておきたいと思うようになってきた。

本書は、そんな気持ちに押されて、一九六〇年代を中心とした日本の近代建築の姿を、しかも今も気軽に見学できる建築を拾い出して書いてみたものだ。

建築はできたものがすべてである。しかし、それを理解するには、その建築に関わった大勢の人々のとてつもない努力、強い思いを知ってほしい。読者と共に建築を体験し、面白さを共有したい、そんな気持ちで書いたものだ。

ここに掲載した写真は最近一〇年ほどの期間に撮影したものだが、書いているうちに取り壊されてしまったものもあり、用途が変更されたものもある。あくまでも二〇二一年の状況を反映したものである。

取材の際には、多くの方々にお世話になった。本書の文章は「近代建築の楽しみ」というブログに書き散らした駄文をもとにしているが、ブログを見て励ましてくださった全国の読者にこの場を借りて感謝したい。また、車を持たない筆者のために何度も車を出してくれた加藤雄三、順子夫妻には特に感謝、さらに優しくも厳しい指摘をいただいた赤松正子さんにも感謝したい。編集事務所南風舎の諸君には多くの助力をあおいだ。最後にこの原稿を評価して、出版の機会を与えてくださった新潮社の阿部正孝さんに心からお礼を申し上げたい。

文中の敬称はすべて省略させていただきました。

二〇二一年十一月

小川　格

『大江宏＝歴史意匠論』大江宏、大江宏の会、1984
大学セミナーハウス
『新建築』1965.12
『大学を開く』大学セミナー・ハウス創立十年史・開館七年史、1974
アートプラザ
『建築文化』1963.3
『建物が残った』磯崎新、岩波書店、1998
目黒区総合庁舎
『新建築』1966.8
パレスサイドビル
『新建築』1966.12
『建築家 林昌二毒本』林昌二、新建築社、2004
埼玉会館
『新建築』1966.7
『前川さん、すべて自邸でやってたんですね』前掲
猪股邸
『新建築』1969.6
『饒舌抄』吉田五十八、新建築社、1980
ヒルサイドテラス
『ヒルサイドテラス白書』槇文彦、住まいの図書館出版局、1995
『ヒルサイドテラス物語』前田礼、現代企画室、2002
中銀カプセルタワービル
『新建築』1972.6
『ホモ・モーベンス』黒川紀章、中公新書、1969
ノアビル
『新建築』1956.8
『林芙美子 巴里の恋』今川英子、中央公論新社、2001
群馬県立近代美術館
『幻視の理想都市』磯崎新・篠山紀信、六耀社、1980
熊本県立美術館
『新建築』1978.1
『SD』1992.4
金沢市立玉川図書館・近世史料館
「私の履歴書」谷口吉生、『日本経済新聞』、2017.6.1 ～ 30
進修館
『新建築』1981.10
『齋藤甲馬と宮代』齋藤甲馬の本制作委員会、2011
松濤美術館
『建築家・人と作品　上』川添登、井上書院、1968
名護市庁舎
『現代の建築家 象設計集団』SD 編集部、鹿島出版会、1987
国立能楽堂
『新建築』1984.1
『別冊新建築 日本現代建築家シリーズ 8 大江宏』新建築社、1984
つくばセンタービル
『建築のパフォーマンス』磯崎新、PARCO 出版局、1985
『ショーの製塩工場』磯崎新・篠山紀信、六耀社、2001
湘南台文化センター
『新建築』1986.4、1989.9
早稲田建築アーカイブス、026 馬場璋造
京都駅
『新建築』1991.6、1997.9
『SD』1997.9
法隆寺宝物館
「私の履歴書」谷口吉生、前掲
馬頭広重美術館
『ひとの住処』隈研吾、新潮新書、2020
せんだいメディアテーク
『(仮称) せんだいメディアテーク設計競技記録』仙台市、1995
『透層する建築』伊東豊雄、青土社、2000
金沢 21 世紀美術館
『金沢を歩く』山出保、岩波新書、2014
表参道ヒルズ
『仕事をつくる　私の履歴書』安藤忠雄、日本経済新聞出版、2012
十和田市現代美術館
『新建築』2005.8、2008.5
『美術館をめぐる対話』西沢立衛、集英社新書、2010

参考文献

自由学園明日館
『帝国ホテルライト館の幻影―孤高の建築家遠藤新の生涯』遠藤陶、廣済堂出版、1997
小菅刑務所
『小菅刑務所圖集』1929（私家版）
軽井沢聖パウロカトリック教会
『自伝アントニン・レーモンド』A. レーモンド、三沢浩訳、鹿島出版会、2007
ヒアシンスハウス
『ヒアシンスハウスに夢を託して』さいたま文学館、2005
『立原道造の夢みた建築』種田元晴、鹿島出版会、2016
前川國男自邸
『生誕100年前川國男建築展図録』建築展実行委員会、2005
『前川さん、すべて自邸でやってたんですね』中田準一、彰国社、2015
鎌倉文華館 鶴岡ミュージアム
『新建築』1952.1、新建築社
『空間を生きた。』建築資料研究社、2015
旧井上房一郎邸
『井上房一郎・人と功績』熊倉浩靖、みやま文庫、2011
『自伝アントニン・レーモンド』前掲
カップ・マルタンの休暇小屋
『ル・コルビュジエ―理念と形態』ウイリアム・カーティス、中村研一訳、鹿島出版会、1992
『ル・コルビュジエ 建築・家具・人間・旅の全記録』エクスナレッジ、2002
山口蓬春の画室
『吉田五十八作品集』編集委員会、新建築社、1980
『建築家 吉田五十八』砂川幸雄、晶文社、1991
世界平和記念聖堂
『新建築』1955.4
『世界平和記念聖堂』石丸紀興、相模書房、1988
神奈川県立音楽堂・図書館
『住宅建築』1994.6、建築資料研究社
『建築ジャーナル』1994.4-11、企業組合建築ジャーナル
広島平和記念資料館
『新建築』1956.6
『一本の鉛筆から』丹下健三、日本図書センター、1997
碌山美術館
『碌山・32歳の生涯』仁科惇、三省堂、1987
『碌山美術館建設のあゆみ』等々力美貞制作・撮影、碌山美術館、2009
香川県庁舎
『新建築』1959.1
『丹下健三を語る』槇文彦・神谷宏治、鹿島出版会、2013
旭川市庁舎
『新建築』1959.2
『火燈窓』佐藤武夫、相模書房、1969
国立西洋美術館
『新建築』1959.7
『国立西洋美術館』山名善之、Echelle-1、2016
東京文化会館
『新建築』1959.6
群馬音楽センター
『自伝アントニン・レーモンド』前掲
日本26聖人記念聖堂
『新建築』1962.8
アテネ・フランセ
『SD』1971.6、鹿島出版会
日本生命日比谷ビル・日生劇場
『新建築』1964.1
国立代々木競技場
『建築文化』1965.1、彰国社
『丹下健三を語る』前掲
東京カテドラル
『新建築』1965.6
『丹下健三を語る』前掲
東光園
『菊竹学校』「菊竹学校」編集委員会、建築画報社、2015
香川県文化会館
『新建築』1966.7

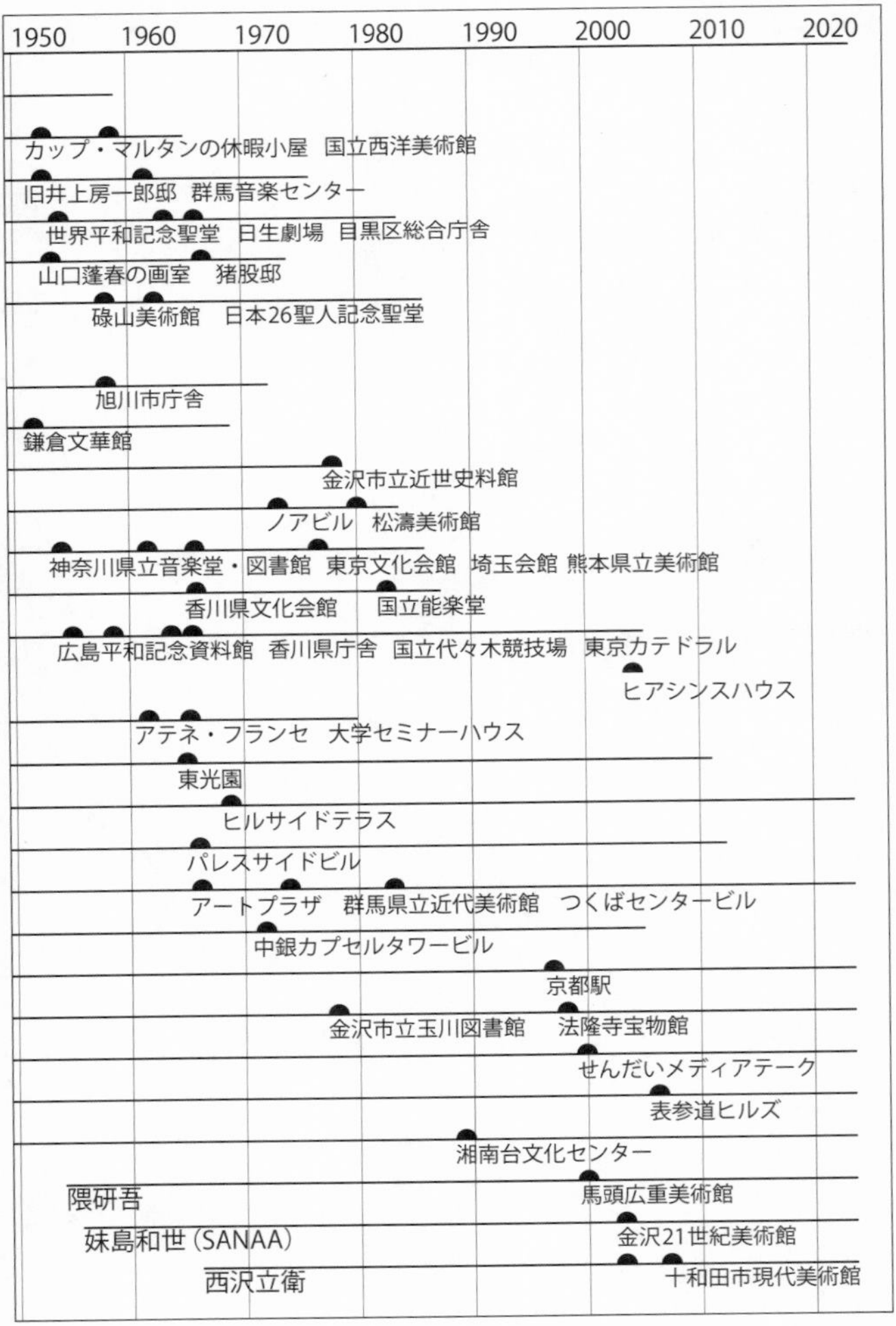
1950
1960
1970
1980
1990
2000
2010
2020
カップ・マルタンの休暇小屋　国立西洋美術館
旧井上房一郎邸　群馬音楽センター
世界平和記念聖堂　日生劇場　目黒区総合庁舎
山口蓬春の画室　猪股邸
碌山美術館　日本26聖人記念聖堂
旭川市庁舎
鎌倉文華館
金沢市立近世史料館
ノアビル　松濤美術館
神奈川県立音楽堂・図書館　東京文化会館　埼玉会館　熊本県立美術館
香川県文化会館　国立能楽堂
広島平和記念資料館　香川県庁舎　国立代々木競技場　東京カテドラル
ヒアシンスハウス
アテネ・フランセ　大学セミナーハウス
東光園
ヒルサイドテラス
パレスサイドビル
アートプラザ　群馬県立近代美術館　つくばセンタービル
中銀カプセルタワービル
京都駅
金沢市立玉川図書館　法隆寺宝物館
せんだいメディアテーク
表参道ヒルズ
湘南台文化センター
隈研吾
馬頭広重美術館
妹島和世（SANAA）
金沢21世紀美術館
西沢立衛
十和田市現代美術館

建築家とその作品

1880
1890
1900
1910
1920
1930
1940
F.L. ライト
自由学園明日館
ル・コルビュジエ
A. レーモンド
軽井沢聖パウロカトリック教会
村野藤吾
吉田五十八
今井兼次
蒲原重雄
小菅刑務所
佐藤武夫
坂倉準三
谷口吉郎
白井晟一
前川國男
前川國男自邸
大江宏
丹下健三
立原道造
吉阪隆正
菊竹清訓
槇文彦
林昌二
磯崎新
黒川紀章
原広司
谷口吉生
伊東豊雄
安藤忠雄
長谷川逸子

小川　格　1940（昭和15）年東京生まれ。法政大学工学部建築学科卒。『新建築』、相模書房で編集のほか設計事務所勤務。ブログ「近代建築の楽しみ」で新たな価値を発信する。編集事務所「南風舎」顧問。本書は初の著書。

Ⓢ新潮新書

937

日本《にほん》の近代建築《きんだいけんちく》ベスト50

著　者　小川《おがわ》格《いたる》

2022年1月20日　発行

発行者　佐　藤　隆　信

発行所　株式会社 新潮社

〒162-8711　東京都新宿区矢来町71番地
編集部(03)3266-5430　読者係(03)3266-5111
https://www.shinchosha.co.jp
装幀　新潮社装幀室

印刷所　錦明印刷株式会社

製本所　錦明印刷株式会社

ISBN978-4-10-610937-9　C0252

価格はカバーに表示してあります。